不忘初心

铸造匠心，驱动创新

王明哲◎编著

责任，勿忘初心；
技艺，匠心修炼；
传承，创新驱动。

创新意识呼唤匠心回归，打造中国“智”造名片！

保持初心 守住匠心 赢在创新

坚持“工匠精神”的执着和专注，持续推陈出新，以创新驱动“中国制造2025”。

人民日报出版社

图书在版编目（CIP）数据

不忘初心：铸造匠心，驱动创新 / 王明哲编著.
--北京：人民日报出版社，2017.6
ISBN 978-7-5115-4825-2

Ⅰ.①不… Ⅱ.①王… Ⅲ.①制造工业－技术革新－研究－中国②制造工业－职业道德－职工教育－中国
Ⅳ.①F426.4②D412.62

中国版本图书馆 CIP 数据核字（2017）第 177267 号

书　　名：不忘初心：铸造匠心，驱动创新
作　　者：王明哲

出 版 人：董　伟
责任编辑：刘天一
封面设计：陈国风

出版发行：人民日报出版社
地　　址：北京金台西路 2 号
邮政编码：100733
发行热线：（010）65369527　65369512　65369509　65369510
邮购热线：（010）65369530
编辑热线：（010）65369533
网　　址：www.peopledailypress.com
经　　销　新华书店
印　　刷　北京柯蓝博泰印务有限公司

开　　本：710mm×1000mm　1/16
字　　数：173 千字
印　　张：14
印　　次：2017 年 9 月第 1 版　2017 年 9 月第 1 次印刷

书　　号：ISBN 978-7-5115-4825-2
定　　价：39.80 元

前言

Preface

随着时代发展节奏不断加快，当今整个中国的制造业都面临转型和创新，这意味着企业中的每一个员工，尤其是身处生产一线的员工也面临着同样的局面。在面临转型和创新时，生产一线员工拥有什么样的心态，决定了生产环节能否成功实现转型，而生产环节的转型很大程度上决定了企业能否成功实现转型。

生产一线就是企业的命脉，而身处这条“战线”的员工则是掌握企业命脉的人。可以说，每一个生产一线的员工都肩负着企业转型、发展的重大使命。而能肩负起这样的使命，在如今的形势下成为企业中流砥柱的员工就是那些不忘初心，用一颗饱含工匠精神的心来通过创新给企业带来崭新发展契机的人。

谈起工匠精神，人们往往想到的是匠人通过精湛技艺，对产品精雕细琢，制造出近乎完美的作品的精神。不过，当我们沉浸于工匠精彩绝伦的“表演”时，也不要忘了工匠精神的重点不是一种技艺，而是一种价值观，即你一旦从事某种事业或职业，是否能努力将其做到极致。因此，一个人如果能够将工匠精神投入到创新工作中，那么无疑也能让其心中蕴含的强大力量来推动创新工作产生更有影响力的结果，孕育出伟大的创新。

曾经，工匠精神的缺失让中国制造的产品质量参差不齐，产品创新也流于形式，很难实现质量上的突破和工艺、核心技术上的真正创新。这种局面让中国的制造业被钉在“山寨”的耻辱柱上。

改变这样的现状，必须用匠心带动创新，让我们生产出的产品展现出真正的创新与进步。唯有从每个生产一线员工做起，从每个企业自身做起，唤起心中的工匠精神，继承历史上那些伟大工匠的意志，铭记我们走上工作岗位时的初心，对技艺不懈追求，以精益求精的态度对待每一项工作。

本书希望从专注、精细、追求极致、坚持、勤奋、勇于探索等诸多方面，全方位帮助员工培养工匠的素养与精神，通过铸造一颗颗匠心，带动企业创新，成功帮助企业和每个员工实现转型与进步。

在这个社会发展比以往任何时候都更快的时代，无论面临怎样的挑战，只要我们能保持初心，用工匠精神让创新重回正轨，脚踏实地地走在创新之路上，那么，这终将是属于我们的时代，属于中国制造业的时代，属于每个生产一线员工的时代。

Contents 目录

第一章◆工匠精神：创新列车的发动机

如果说有什么驱使着人类一次次做出改变世界的创新，那么一定是工匠精神。工匠精神所承载的不懈追求进步的理念，成为人类努力寻求创新的最佳动力。工匠精神就是创新列车的发动机，只要有工匠精神，创新的脚步就不会停滞不前。

第二章◆专注：匠心之本，创新之基

当一个人将全部的时间、精力都投入到一项工作中并始终保持专注，那么他就能够成为这个领域的专家，成为一名真正的工匠；同样，一个人只有在创新过程中保持高度的专注，才能创造出看似不可能的奇迹。

第三章◆精细：成功创新离不开步步精心

在创新这件事上，1%的疏忽往往就会带来100%的失败。创新之事，必作于细。只有在创新过程中做到步步精心，不放过任何一个细节，不忽视任何一点问题，创新才能最终迎来成功。

第四章◆极致：创新就在那5%里

工匠们喜欢不断雕琢自己的产品，不断改善自己的工艺，享受着产品在双手中升华的过程。把品质从99%提高到99.99%，其利虽微，却长久造福于世。而在这一追求极致的过程中，往往也就孕育了创新。

第五章◆坚持：时间淬炼优秀工匠，见证伟大创新

创新的过程其实是一种修行，将毕生岁月奉献给一门手艺、一项事业、一种信仰，怀着工匠精神坚持行走在一条创新道路上，最终时间将会见证一切，包括伟大创新诞生时那耀眼的瞬间。

第六章◆勤奋：想走得快就要日夜兼程

在这个“快鱼吃慢鱼”的时代，创新也要比拼速度。然而每个人的力量都是有限的，甚至有时候我们自身的力量相比于很多人是薄弱的。那么，想要实现创新，我们唯有更加勤奋，想比别人走得快就必须日夜兼程。

第一章

工匠精神：创新列车的发动机

如果说有什么驱使着人类一次次做出改变世界的创新，那么一定是工匠精神。工匠精神所承载的不懈追求进步的理念，成为人类努力寻求创新的最佳动力。工匠精神就是创新列车的发动机，只要有工匠精神，创新的脚步就不会停滞不前。

1. 创新的奇迹，从热忱的工匠心中孕育

这两年，“大众创业，万众创新”成为趋势，“创客”一词也突然火了。有人觉得，所谓的“创客”就应当标新立异，甚至浑身上下都应当散发出与传统迥异的味道。还有观点称，“对年轻人来说，只要有一台联通世界的网络终端在手，一切皆有可能”，在许多新兴领域中，年轻人聚集在一起，激发出许多奇思妙想，并付诸实践，甚至以研发的产品带动了市场的需求。

然而，这样的可能性虽然在现实中存在，但这毕竟是一些特殊的个案，不具备普遍意义，大多数人很难复制。“创客”一词是英文“maker”的翻译。翻开任何一本英汉词典，“maker”都有制造者的含义。在现实中，无论你从事什么职业，都是一名“制造者”。所以说，急于创新的你不妨真正沉下心来，秉承着工匠精神，对自己的职业专注坚持，对自己的工作精益求精，对自己的产品细致严谨，在平凡的坚守中实现真正的、有着坚实基础的创新。其实纵观世界，大部分创新的奇迹并不是从天才的脑海里孕育的，恰恰是从普通人热忱的工匠精神中诞生的。

在这个日新月异、快速发展的互联网时代，并不缺少创新，缺少的是好的、经得起时间考验的创新。几乎所有的创新都会很快地被新的创新所取代。创新变得容易，同时又变得非常困难。原因其实很简单，就是创新的产品还只是一个先天不足的脱离广泛实践基础的早产儿。很多创新为创新而创新，要么专门组建一个和实践一点也不搭边的创新团

队，要么成立一个只是空中楼阁的高档创新实验室。创新产品往往也会在集中人力公关下批发出来，可是这样的创新产品无论是质量还是成色，往往都存在很大问题。

现在很多地方都在转型升级，搞“腾笼换鸟”，似乎只有新兴产业才有未来，想把一些传统产业彻底扫地出门。而身在企业中的你可能也受到了这种风气的影响，从而将创新与工匠精神当作了势不两立的“敌人”。但实际上，如果你沉下心来仔细想想什么叫创新，往往就会明白，“工匠精神”其实就蕴含着创新精神。

生产注射针头算是比较基础的制造业，但冈野工业株式会社就可以发扬“工匠精神”，将普普通通的针头制造做到极致。

有位中国学者在日本东京墨田区参观过一家叫冈野工业株式会社的小企业，只有5名职员，位于一条很不起眼的小街道上，却号称冲压加工世界第一。他们生产出了世界上最细的注射器针头，据说细到用这种针头打针，人感觉不到痛，最多像被蚊子叮了一下。

工匠虽已淡出现代人的生活，但他们代表的精益求精、推陈出新的精神却永不过时。

工匠精神要求拒绝追风，严谨敬业。工匠，一般是指技艺高超的手艺人。而这些人身上所具备的严谨、专注、敬业精神，被称为工匠精神。“工匠精神”落在个人层面，就是认真、敬业的精神。工匠在打造工艺品的过程中，讲求一丝不苟、精雕细琢，将每一件产品都当成艺术精品来对待。在机械化大生产时代，在当今创新的时代，人们更注重产品的精度和品质，这和工匠精神不谋而合。产品的品质与销量呈现正相关，可以说，没有工匠精神的工匠就无法做出高品质的产品。可见时代越要求创新，工匠精神越发重要。

工匠精神要求默默坚守，苦心探索。工匠所代表的是一类有着知识、经验，并能通过自己的劳动完成一定任务的人。所谓工匠精神，即热爱你所做的事，胜过爱这些事给你带来的利益，精益求精，精雕细琢。有人认为工匠的劳动是重复性的，没有创造性可言。实际上，一切有关生产的设计、蓝图、标准，都依靠工匠来实现。没有技艺精湛工匠的企业，企业发展的目标无从实现。而工匠的精湛技艺，无不得益于在岗位上的默默坚守，苦心探索，花费极大的心思和精力去设计，由此设计出创新性产品。这就是创新时代所需的工匠精神。

当今的制造业在主张“创新精神”的时候，一定要想清楚真正的创新是什么，创新如何起步，创新到底需要哪些素质、哪些能力才能真正得以实现。最终，你一定会得到这样的答案：创新一直以来就与工匠精神密不可分，可以说很多创新就是从工匠精神中孕育而生的。

2. 全身心地投入，才能带来真正的创新

经过多年的发展，中国制造业的生产能力位居世界第一，但是同构竞争、同质竞争激烈；主要处于配套、组装等中低端环节，缺少关键技术、关键设备；在核心技术上受制于人，缺乏和世界著名品牌竞争的核

心竞争力。这些瓶颈，极大地制约着我国产业水平和竞争力的提高，也使中国制造处于发达国家高技术和发展中国家低成本的双重竞争的压力之下。

而要想彻底颠覆这样的局面，就需要企业、团队、个人都全身心投入到创新之中，把创新精神贯彻到每一项工作中。尤其对于生产一线的员工来说，只有全身心投入到创新工作中去，才能一步步推动整个团队、整个企业的创新步伐，才能在这个竞争愈发激烈的市场中通过实打实的优秀创新产品让自己立于不败之地。

当然，愿意搞创新，还要会创新。创新很难，唯有专注。这是现实的智慧选择。要提高自己的创新能力，就必须通过掌握核心技术增强核心竞争力。而做到这一点，在资源条件有限的情况下，就必须投入更大的精力和时间，并提升这些精力时间的应用效率。而唯有做到全身心投入，才能让这些付出于创新的时间、精力被最大化地利用起来。

人人都说乔布斯是互联网经济的标杆，但是乔布斯更是制造业的标杆。乔布斯提出，在行业里头，把产品做成世界最好的产品，打造“爆品”。这揭示了创新的一个基本方法：单点突破，然后再从点到面，走向高端，成为市场的领导者而不是跟随者。

我们先来看看“春兰空调”。这是一个既熟悉又渐遥远的品牌。曾几何时，春兰是中国最大的空调生产基地，产销量位居全国之首。春兰技术中心曾在2001年国家经贸委组织的评估中，以99.5分的优异成绩在机械行业位居第一。然而十年后，春兰已不复当年的辉煌。

20世纪90年代初到中国加入世界贸易组织（WTO）后的三四年，相对受保护的大市场和排浪式的消费使得中国很容易培育出大企业，春兰和其他一些制造业企业正是在那个时期通过领先的技术占据了大量的市场份额。自主创新让企业尝到了甜头，于是在市场渐渐出现饱和时，企业便开始了跨行业发展。春兰集团也大举扩张，一度拥有40多个独立子公司，业务范围完全突破了家电行业，伸向汽车、新能源，甚至信息产业等广阔领域。然而，成功模式并不容易复制，自主创新需要建立在对本行业、本领域沉淀多年的技术积累之上。当今世界，科技更新步伐不断加快，企业指望短时间内通过招兵买马、大张旗鼓地投入经费来进行创新、掌握新领域的核心技术、追求核心竞争力是非常困难的。春兰在空调领域取得的成功并没有随着它的跨行业扩张自然地延伸至其他领域，反而在盲目的扩张中荒废了主业。今天春兰的凋谢并不是因为它放弃了自主创新之路，而是在由制造走向创造的过程中没有牢牢把握和认识自身真正的核心竞争力所在，心猿意马，迷失了自我。

对比春兰的失败，经常看电视的人可能对潍柴动力这个名字并不陌生。潍柴动力作为我国最大的内燃机企业，从2002年改组到2011年这十年中，销售额从30亿元飙升到了600亿元，十年猛增20多倍，可谓动力十足。潍柴动力之所以取得这样的成绩，正是基于其对中国制造走向中国创造这一过程的深刻理解和认识。在巩固传统优势的基础上，通过企业自身内部的多方面改革和创新，以及积极的外部合作，实现了企业发展道路的转型。

首先，潍柴通过核心产业集中，与相关产业分离实现资源优势整合，为今后的创新发展创造了土壤。其次，企业通过建立创新体系制度，为产品和技术创新营造良好的氛围。最后，企业通过人才战略、科研投入和技术创新来着重提升潍柴的核心竞争力。

拥有强大资源和实力的庞大企业尚且如此，更何况员工个人？从个人角度来说，员工要想实现真正的创新，就必须将力量集中于一点，专注于自己岗位上某个方面甚至是某一个技术环节的创新，才能真正实现创新。这就需要员工自己能够秉承工匠精神全身心地投入到工作中，而不是“朝三暮四”，总想让创新出自“旁支”。

创造不是从零开始，而是要依托多年在岗位上踏实工作的积累，需要依靠脚踏实地的工匠精神去培育。只有在全身心投入到工作的过程中，你才能通过技术的利用、学习、提升和再创造实现自主创新。这样才能为企业创造真正能够留下来的、别人拿不走也抄袭不了的技术。

3. 野心不能造就创新，热爱才可以

追求创新究竟是为了什么？可能每个人的答案都不相同，但是大体可以分为两类：一类是为了自己热爱的工作、热爱的企业，真心实意想要通过创新来创造更大价值；另一类则是为了自己能够飞黄腾达，能够利用创新来给自己谋取更大的既得利益。

但是，要想真正造就有价值的创新，第二类目的是不可取的。野心虽然可以给人在创新时提供巨大的动力，但是野心会让创新的动机

“不纯”，从而让目标最终偏离，创新出的成果也只是为个人利益服务，显然其价值就微乎其微了。从另一方面说，为了自己的野心而萌生的创新，很容易在遭遇挫折时就选择放弃，让创新理念无疾而终。因为野心需要立竿见影的实际效果，而真正的创新往往要经历一段时间的摸索和研究，过程也有可能十分漫长。

而如果是出于对工作、企业的热爱而产生的创新理念，那么在付诸实践的过程中，往往就能秉持强大的工匠精神，在创新过程中充满耐心、细心、专注、坚定等优秀工匠品质，让创新结果具有高质量、高价值，并能够为个人、团队乃至整个企业带来至关重要的作用。

巩鹏是中国航天科工三院的一名钳工，板锉、钻头、榔头、刀具等物件是他过去28年里始终相伴的“老战友”。他承担着武器控制系统关键部件的工艺攻关和生产加工。虽不如科研工作那样说起来“高大上”，但精密的加工水平会直接影响导弹武器系统的性能。寒来暑往，他练出了一手锉削“好功夫”。他和班组成员共同完成了20余项技术革新，排除产品故障数十起，直接和间接创造经济效益近2000万元。同事们给这种加工方法起了一些外号——“巩氏加工法”“巩氏研磨法”等。他说，促使他不断去探索加工奥秘的动力不仅是兴趣，更是对强大国防的向往。“多钻一点，多想一些，让手头的产品更好一些，是我们航天人对祖国应尽的职责。”他感慨自己的师傅秦井芳一边吃止痛片一边坚守工作，他自己即使皮肉被磨破也不曾放弃。如今的他通过技能大师工作室这个平台，将自己的“匠人精神”传授给了1000多人。

陈德然是广州珠江钢琴集团的钢琴调律师，23 年的调音生涯里他最难忘的是与著名钢琴家刘诗昆的合作。征服听众的《百年圆梦》背后，是陈德然对钢琴的悉心呵护。在很多钢琴调音师都依赖电子音准仪器时，他坚持用手触摸，用耳朵听。虽然费时，却能将精准度做到 0～1 音分。而在业内，能够做到这个级别的人屈指可数。现在，他也有了自己的劳模创新工作室，能够将他的经验和技术传授给年轻人。

程少春是中国石油长庆油田的一名采油工人，他的得意之作是第十代程少春光杆密封器。当年为了改善长庆油田清洁生产的问题，他手工绘出了 70 余张密封器图纸。在跑过五六家高校和制造企业，反复修改论证后设计出了第一代密封器，既解决了污染问题，又把停机时间从 40 分钟缩短到 8 分钟。之后，他又经过 17 年的反复修改，用 160 多次失败换来了如今的第十代——参数更精确，结构更合理，井口再偏斜都能安装、调整到最佳位置的密封器。即使光杆断脱了，这款密封器照样能自动封堵井口。“中国创造同样需要我们这些普通工人、基层创客。过去说咱们工人有力量，现在是咱们工人有技术才更有力量！因为技术工人是技术创新最直接的探索者、实践者、推动者和受益者。”程少春经常这样对别人说。

放眼望去，其实远不止他们，每个在岗位上能够被称为工匠，能够通过创新给企业带来崭新契机的优秀员工，无不是出于对岗位、对企业的热爱，无不是在工匠精神的指引下，最终才有如此的成就。

说热爱才能产生真正的创新，并非毫无根据。对工作深深的热爱能

够激发很多在创新过程中起到关键性作用的正向因素。

（1）热爱工作能够让人充满使命感。

一个人只有热爱自己的工作，才能够在工作中具有强大的责任心和使命感。而在这种使命感的驱使下，肯定希望能够把自己的工作做得更好，产生突破性进展。进而就会激发自己的创新意愿，通过创新让自己的工作成绩更进一步。倘若失去了对工作的热爱，抱着干一天算一天的心理，那么自然不可能拥有创新的动力，即便硬着头皮响应号召去尝试创新，往往也只是做表面功夫罢了。

（2）热爱工作能够点燃创新激情。

创新本就是一件需要充分发挥主观能动性的事情，而提升脑力的一个重要因素就是激情。当情绪高涨地去工作时，一个人往往能够保持大脑高度灵活，思路也变得更多维、更广阔，进而能够进行更多样化、更细致的思考，这对于创新是十分重要的。只有热爱自己的岗位、企业，在工作中充满热忱的人，才能够在面对无论多么枯燥的工作时都保持工作激情，让脑子里经常能迸发出思想的火花，进而产生创新理念。

（3）热爱工作能够让人脚踏实地地去钻研。

当一个人热爱自己的工作时，他往往就能够摒弃浮躁的情绪，在工作中脚踏实地地钻研自己分内的事，钻研如何提升自己的技艺。这样就能够为创新打下坚实的基础。虽说创新是一件关乎创造力和想象力的事情，但是再“天马行空”的思想最终也必须回归脚踏实地的行动，不能一步步付诸行动的创新无异于海市蜃楼。因此，只有热爱工作的人才能够真正将思想上的创新付诸行动，一步一个脚印地走出属于自己的创新之路。

不想当将军的士兵不是好士兵，但创新只靠当将军的“野心”是行不通的。只有真正热爱自己的工作，在工作中脚踏实地地去钻研，你才能拥有适合创新生长的“土壤”，才能孕育出具有实际意义的创新“果实”。

4. 精益求精——思想进步的助推剂

一提到创新，有不少人可能觉得它离自己十分遥远，认为自己的岗位工作并不需要创新精神也能做好。产生这样的想法，主要就是因为思想上并没有将创新提到极其重要的高度，而之所以不能在工作中重视创新，关键还在于没能秉承精益求精的态度去完成自己的工作。

当一个人想要精益求精地去完成自己的工作时，他就会发现自己掌握的现有技能、经验完全无法满足需要，进而就会思考如何才能让自己突破能力的瓶颈。当想到这一步后，创新意识就会被唤起，从而产生创新精神。可以说，精益求精就好像每个人的思想“助推剂”，让思想在精益求精完成工作的工匠精神中不断进步，让创新意识不断加强，最终在对创新的高度重视下努力去追寻创新之路，并最终实现真正的创新。

金志高从医已十多年，“为更多的患者解除病痛”是他一直追求的目标。经过勤奋地学习和不断地努力，他开展的

“密集型银质针疗法”受到越来越多患者的欢迎。

金志高2004年来到新仓工作，热衷于小针刀技术的他在新庙分院开始了他的“施针”之路。小针刀是由金属材料做成的外形似针又似刀的一种针灸用具，是一种介于手术疗法和非手术疗法之间的闭合性松解术，专门治疗一些颈肩腰腿疼患者，为他们解除病痛。这对于持有一种崭新治疗技术而又资历尚浅的金医师来说，在刚开始的行医之路上无疑是一种挑战。他刻苦钻研技术，与业内人士不断交流探索，积累了不少经验，高超的小针刀技术赢得了患者的赞誉。

2007年，在一次业务培训中，他偶然接触到软组织外科学之父宣蛰人教授所创的“密集型银质针疗法”。这是软组织损伤疾病保守疗法的终极疗法，能够为更多重症颈肩腰腿痛以及手术后失败、复发的患者解除疼痛开辟一条新路；同时，让小针刀疗法走出治疗局限区，得到一个华丽的升级。于是，金志高开始搜集这方面的资料，翻书本、找网站，通过各种渠道去进一步了解“密集型银质针疗法”，并利用业余休息时间报名参加“宣蛰人密集型银质针压点痛推拿培训班”，师从宣蛰人亲传弟子浙江中医药大学胡忠根教授、王薇主任，并深入临床学习体验，只要是对他技术提高有帮助的培训，他一次都不会落下。为了更好地了解“密集型银质针”在施针过程中病人的感受、掌握用针的手法，他多次在自己身上做实验，让自己的施针技术在短时间内得到最大限度的提升。

勇于创新、敢为人先的金志高于2012年率先在新庙分院开展了“密集型银质针疗法”，经过一年多的努力，业务量较小针刀技术翻了一番，很多软组织损伤的患者在接受金志高的治疗后，疼痛解除了，生活质量也得到了提高。

金志高热爱本职工作，高标准、严要求，“急患者之所急、想患者之所想”是他工作的前提。看病时，他总是为患者着想，从检查到治疗，安排最妥当的治疗方案。他性格温和、平易近人，待病人热情友好、耐心细致，脸上总是挂着微笑。虽然一些患者在看到银质针时会担心、害怕，但金志高每次都耐心解释，消除患者的疑虑。一些患者说：“有金医师在，我们都很放心。”

一名医生对自己的工作精益求精，于是在思想上认识到了一些现有医术的不足，为更好地治愈患者而开拓创新治疗方法，成为了名医。对于在其他不同领域尤其是生产制造业领域的员工来说，也只有在工作中秉承着精益求精的工匠精神，才能够不断提升技艺，最终成为一名合格的工匠。

纵观世界，日系、德系产品受人追捧，表面上是因为其产品品质优秀，而更深层次的原因其实是他们对质量精益求精、对制造一丝不苟、对完美孜孜追求的态度，这让他们的产品总是能够产生创新，让产品的价值不断提升。据悉，几乎每一家瑞士制表商都会对表的每一个零件、每一道工序精心打磨、专心雕琢，几乎每年都会在生产工艺上出现创新，让手表的质量更过硬。因此瑞士手表得以誉满天下、畅销世界。德国、日本等国家在第二次世界大战后的重新崛起也与这种努力追求卓越的态度不无关系。数据显示，截至2017年，在全球范围内寿命超过200年的企业里，日本占了3146家，为全球最多，德国则有837家，荷兰有222家，法国有196家。以德国为例，如今德国约有370万家企业，除了耳熟能详的奔驰、宝马、奥迪、西门子等知名品牌之外，还有数以千计普通人没有听说过的中小企业，这些企业大部分都是“术业有专攻”，在细分产品上不断积累优势，实现创新，成为各个领域的“领头羊”。

比如“螺丝大王”伍尔特，该公司1954年创立时只有几名员工，现在已经扩展到5万多名员工。它的成功就在于自始至终坚持“单一”产品——螺丝。在德国的企业文化中，“严谨”也是首要的，任何行为必须有章可循，杜绝一切随意。其实，日系、德系企业这种对质量精益求精、对制造一丝不苟、对完美孜孜追求的态度指的就是“工匠精神”。这种态度或许可以概括为大家都懂的一句话——“不是为了输赢，就是认真。”

反观国内，尽管2010年以来中国制造业规模超过美国位居世界第一，但中国制造业的发展始终没有摆脱高投入、高消耗、高排放的粗放式发展模式。与日本、德国等国家相比，“中国制造”留给人们的印象都是廉价、低端、低附加值等。拿早些年的IT科技圈来说，自从2007年联发科研发出廉价MTK手机芯片后，国内山寨手机出现了爆发式的增长，据相关部门统计，仅2007年山寨手机产量便达到1.5亿台，几乎与国内市场手机总销量相当，平均每三天便有一款新品山寨手机上市。不仅如此，MP3播放器市场也是山寨机横行。由于MP3技术含量低、市场需求大，我国华南地区一度涌现出300多个让人看得眼花缭乱的MP3品牌，与山寨手机相比，这些山寨MP3更早走向全国，出现在各大电脑卖场的柜台上。这些低附加值、仿制的产品虽然形式五花八门，但却并没有创新到点子上，反而一度将中国钉在“最大的特色就是山寨文化”的耻辱柱上。

要想改变如今的局面，让我们的制造业生产出的产品除了在数量上，在质量上也能跻身世界前列，那么就必须要企业、员工共同努力。尤其是对于常年身处生产一线的员工来说，更是需要具有精益求精的工匠精神，只有这样才能够在产品质量上有创新，而不仅仅是在“产品噱头”上玩花样。

回顾历史，从万里长城、都江堰、赵州桥到苏州园林，能工巧匠们完成了众多恢宏壮观的工程；从司母戊大方鼎、越王勾践剑、金缕玉衣到圆明园的十二生肖兽首铜像，能工巧匠们制作了无数精巧绝伦的器物。可以看到，我国从来不缺所谓的“工匠精神”，更不缺乏在精益求精中实现创新的“传统”。我们只有先让自己拥有精益求精的工匠精神，才能够首先在思想上得到进步，思想走在前面，继而在行动上才会有真正意义上的创新。

5. 厚重的工匠底蕴，让创新巨轮平稳航行

在如今这样一个稍显浮躁、亟待创新的时代，“工匠精神”一经推广，便备受推崇。只有颇具匠心，才能真正自主创新；只有自主创新，才能让匠心富有生命力。二者互为因果。

事实上，创新是一个整体的生态链。从基础研究到应用研究再到商业化，都需要创新。这中间，自然离不开技术工人提供的最基础也最不可缺少的技术创新、技术支撑。好比生产一架飞机，研发设计再科学、材料生产再先进，若没有技术工人的技术创新和精心装配，是难以保证飞机正常飞行的。因此，创新归根结底首先还是需要实现在生产一线的员工身上，只有一线员工秉承着厚重的工匠底蕴去探索、创新生产技艺，才能够真正让企业乃至整个国家的创新巨轮平稳航行。

回顾世界历史，德国进入工业化时代后，曾有过向英、法学习，仿造对方产品的经历。为此，英国议会特别在1887年修改《商标法》，要求所有进入英国本土和殖民地市场的德国进口货必须注明“德国制造”。这在当时实际上是一个带有侮辱性色彩的符号。然而，经过历史锤炼，今天的“德国制造”不再是假冒低劣的代名词，而是随着西门子、奔驰、宝马、拜耳、汉高等品牌的崛起成为享誉全球的高品质标签。就其华丽转身的原因来看，离不开对每一种产品质量和价值的高度关注。德国产品更新换代并不快，几乎没有一家德国公司可以一夜暴富或成为全球焦点，他们往往是专注于某一个领域或某一种产品的“小公司”“慢公司”，但很少有“差公司”“假货公司”。这些拥有百年历史的“隐形冠军”，正是凭借其生产员工精湛的技艺，专业、专注的工匠精神，才使得“德国制造”闻名遐迩。

中国制造业尽管规模已经十分庞大，但大多处于产业链中低端，且精致化程度不高。苹果设计师乔纳森认为，对于好产品的追求是无止境的，它来自对每个细节的打磨和探究，基于一种将细节做到极致的欲望，需要全身心地投入。小米CEO雷军提出，“要在用户看不到的地方做到最好”，而不是一味追求效益最大化。这些都要求企业员工始终保持精益求精的工匠精神，对产品抱有负责的态度，注重工艺的精致化，坚持做精品。只有这样，“中国制造”才能在真正的创新精神引领下成为“中国创造”。

很多人认为，工匠是机械重复的工作者。其实，工匠有着更为深远的意思。世界上没有一蹴而就的改革，也难得“四两拨千斤”的创新。

只有具有工匠精神，设计研发人员才会对产品不断钻研思索、不停打磨探寻，在一点一滴的积累中实现技术和工艺创新。就此而言，创新是工匠精神的一种延伸。小到对每一个工作环节高质高效的革新，大到新产品、新技术的研发，都是具体体现。当然，工匠精神并不是完全的异想天开，而是对天马行空灵感的完美落实。

目前，欧派橱柜在全世界拥有4200多家终端门店，产品远销欧洲、美洲、亚洲、非洲等全球6大洲100多个国家，销量多年稳居榜首并不断扩大相对第二名的领先优势，进一步攻占国际橱柜市场制高点，跻身世界橱柜一线品牌。

看着一串串耀眼的光环，很多人不禁要问：欧派橱柜凭什么从一个籍籍无名的中国品牌成长为世界认可的橱柜品牌？或许是因为姚良松先生的卓绝眼光和远征气魄，也可能是因为欧派人的锐意进取与总是从零出发的精神追求。

据悉，欧派所拥有国家级的突破性专利多到在橱柜行业都非常罕见，远远超过其他橱柜品牌拥有的技术专利，拥有强大的核心技术资源。然而，强大的技术创新能力背后得益于完备的科研体系的建立。欧派拥有行业内首个国家级博士后科研工作站，以设备最先进的橱柜实验室为孵化器，从研发出第一台橱柜开始，一次又一次以不断创新的精湛科技引领产品升级，为世界橱柜领域带来众多里程碑式的标杆作品。正是孜孜不倦的开拓进取，才有了欧派今天骄人的“战绩”。欧派橱柜用3～5年的时间去打磨一项意式板材喷涂工艺，在此期间派遣技术人员前往欧洲著名的橱柜企业学习，并聘请国外专家驻扎在厂，不断实验和试制。欧派橱柜用十多年的时间去思考如何优化流程，十多年过去了，工序优化的清单还在不断增加。欧派橱柜每年会收集上千条建议，合理的建议都会被采纳。

正是这种“慢悠悠”的“工匠精神”，才能对工艺和质量的追求做到极致，而每一次的精雕细琢带来的不仅是技术的更加娴熟，还有对过去的审视和提升，以及对未来发展空间的思索。一艘破浪前行的巨轮，要想一直稳稳地航行在波涛汹涌的海面上，除了具备前行的勇气与决心，更重要的还需要“工匠精神”。

“培育精益求精的工匠精神”是李克强总理对中国制造业的要求，也是对企业中每个生产一线员工的要求，是我们摒弃“物质主义倾向”的指引。摒弃喧嚣，放平心态；避免盲目，坚守内在。在工作岗位上苦心探索，默默坚守，让“工匠精神”得到时代传承，为中国制造巨轮提挡升级“加油”。

6. 工匠追求卓越的心是创新的源动力

人类天然地具有向往美好、追求卓越的内在禀赋。历史告诉我们，人类文明的每一次进步，都是朝着某种“较好的状态”的跨越，但它终究会让位于将来的某个“更好的状态”，这种追求卓越的步伐其实就是创新的源动力。

然而这种追求卓越的心虽然是“天性”，但却会因为我们的不断成长而被渐渐淡忘。当我们一次次被利益蒙蔽了双眼，当我们一次次因为承受了较大的工作压力而抵触工作，当我们一次次遭遇挫折而想要“破罐子破摔”的时候，这种追求卓越的心就会被渐渐抛在脑后。失去了这种追求卓越的初心，当然就不可能产生创新的念头了。

只有始终让自己受到工匠精神的鼓舞和指引，让工匠精神永存心中，我们才能永远保持着像工匠一样追求卓越的心，才能在工作中一次次实现创新，帮助自己、帮助企业在这一次次创新中不断走向更光明的未来。

20 世纪，我国铅冶炼工业存在整体装备水平落后、生产集中度低、清洁生产亟待加强等问题。根据有关统计资料，中国铅冶炼企业均采用传统的烧结－鼓风炉工艺。大型铅冶炼厂烧结过程采用烧结机，数量众多的中小型铅厂采用的是更为简陋的烧结锅烧结。这些铅冶炼工厂普遍存在着两大问题：一是烧结过程产出的烟气含二氧化硫仅 2% ~3%，无法制酸，只能直接排入大气；二是工艺过程中大量返尘的破碎造成铅尘飞扬，引起周边环境铅尘严重超标，导致铅中毒频发，环境污染严重。铅冶炼工业面临着前所未有的困境。

“九五”期间，中国恩菲工程技术有限公司的生产一线员工对铅冶炼进行攻关，从源头开始，从整个铅冶炼工艺出发，进行研发。针对喷枪、反应炉结构、材料、渣型及操作参数等方面开展多次模拟和半工业化实验，并获得成功，硫的利用率

达到96%，硫酸尾气排放优于国家环保标准，每吨粗铅消耗标准煤由原来的680千克降至380千克，实现了整个铅冶炼行业的一次技术跨越。

在成功面前，中国恩菲的生产员工们并没有停滞不前。氧气底吹熔炼－鼓风炉还原炼铅工艺技术解决了传统铅冶炼工艺造成的环境污染问题，但是该工艺尚存在如下缺陷：熔融高铅渣显热没有利用，工艺过程较长，占地广，鼓风炉熔炼需要消耗昂贵的冶金焦。这为技术上进一步节能降耗、经济上进一步降低成本提供了提升空间和潜力。他们针对这些问题深入研究，结合烟化炉炉型和喷吹装置、鼓风炉炉缸等技术，形成炼铅新设备——侧吹还原炉，使用侧吹还原炉替代鼓风炉，将液态高铅渣直接送入侧吹还原炉进行还原，采用粉煤、煤气、天然气为热源，实现了高效利用高铅渣显热和无焦化熔炼。

2008年国家发改委正式批准中国恩菲申报的“液态铅渣直接还原炼铅工艺与装备产业化技术开发项目”列入国家高技术产业发展项目计划，并拨付专项资金予以支持。在恩菲技术人员对还原炉结构、喷枪结构、工艺操作参数反复摸索和优化的基础上，2009年9月液态铅渣侧吹炉直接还原技术正式实现工业化生产。实际运行实践表明，若原矿品位大于55%，每吨粗铅消耗标准煤由380千克降至200千克，是迄今为止世界炼铅工艺的最低能耗。

正是在这些生产一线员工一次次追求卓越的脚步下，整个企业最终走上了世界第一的位置。一次次具有划时代意义的创新，正是在每一个生产一线员工每一天不断追求更卓越的生产技艺中实现的。追求卓越的心对于实现真正的创新具有极其深远的意义和影响。

首先，追求卓越能让人永不停步。

一个人只有拥有一颗追求卓越的工匠心，才能够永远不满足于现状，永远想要让自己的技艺获得进一步提升，进而才能在遇到“瓶颈”的时候迸发出创新的意愿和动力，并最终努力实现创新。倘若根本不想追求更好，只是抱着“差不多就行了”的态度，那创新就没有了现实意义，我们自然也就会失去追求创新的动力。

其次，追求卓越使人思变，而后才有创新。

就像上面所说的，追求卓越的人会遇到“瓶颈”，通过一种方法提升能力和技艺难免会出现这样的情况，因为在工作中本就没有“万金油”的方法让人能够一劳永逸地不断实现进步。而追求卓越的人，在遇到困难时就会思变，思变的过程其实就是在酝酿创新。一旦思变得到了结果，那么接下来我们就会为了实现改变而选择创新的方法、思路。

最后，追求卓越让人拥有发展的眼光。

要想实现创新，我们就必须走在时代的前面，而要想做到这一点，首先就必须眼光足够长远。一个人若没有追求卓越的匠心，那么就总是会被眼前的利益所吸引，总是盯着脚下，自然不可能将眼光放长远。而追求卓越的人会为如何能够实现长远进步而考虑，自然就能用发展的眼光去看待工作上的事和遇到的问题。当一个人的目光看得足够远时，他往往也会不自觉地加快脚下的步伐，走在时代的前列，从而拥有更多发现创新思路的机会。

人往高处走，水往低处流。我们唯有怀着追求卓越的工匠心做好自己在岗位上的本职工作，才能够给创新带来源动力，让我们在遇到困难、瓶颈时依旧不放弃精进技艺的意愿，从而让创新的念头永远在脑海中闪现。

第二章

专注：匠心之本，创新之基

当一个人将全部的时间、精力都投入到一项工作中并始终保持专注，那么他就能够成为这个领域的专家，成为一名真正的工匠；同样，一个人只有在创新过程中保持高度的专注，才能创造出看似不可能的奇迹。

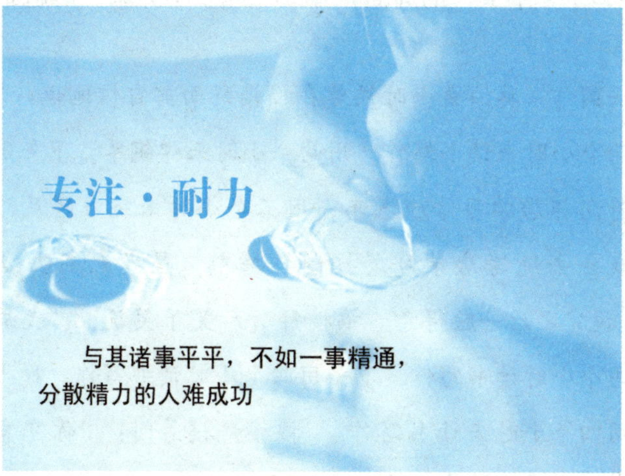

1. 一人一技，一技一生

看看那些古今中外的著名工匠，我们好像能够发现一个问题：大多数的巨匠往往一生只精通某一领域或是某一项技艺，而对其他的旁枝末节毫不涉猎抑或是仅仅当作爱好。其实这就是他们之所以能够成为被时代所铭记的巨匠的原因——专注。

专注的精神是一种伟大的力量。在中国传统文化中，提倡“锲而舍之，朽木不折；锲而不舍，金石可镂”“一辈子做好一件事”，说到底，就是一种专注的力量。现实中，我们常常礼赞“十八般武艺，样样精通”的人，常常勉励年轻人“艺多不压身”，谁知到头来却落个“样样涉足，个个平平”的局面，导致“艺多不养家”的尴尬后果。

法国作家莫泊桑小时候曾在福楼拜面前自信地说：“我上午用两个小时来读书写作，用两个小时来弹钢琴，下午则用一个小时向邻居学习修理汽车，用三个小时来练习踢足球，晚上，我会去烧烤店学习怎样制作烤鹅，星期天则去乡下种菜。”说完之后一脸得意。福楼拜听后笑了笑说：“我每天上午用四个小时读书写作，下午用四个小时读书写作，晚上，我还会用四个小时来读书写作。”福楼拜接着问：“你究竟有什么特长，比如有哪样事情你做得特别好？”这下，莫泊桑答不上来了。于是他便问福楼拜：“那么，您的特长究竟又是什么呢？”福楼拜说：“写作。”原来特长便是专注地做好一件事情，于是，莫泊桑下决心拜福楼拜为文学导师，一心一意地读书写作，最终取得了丰硕的成果。

在现如今这个越来越多元化的时代，相比于莫泊桑，我们可能更容易受到外界的干扰，在琳琅满目的从业道路上“挑花了眼”，总想这尝试一下，那探索一圈，到头来却都是浅尝辄止，难以实现真正的创新。其实倘若我们能够专注于哪怕是工作中某个环节的一项看起来毫不起眼的事情，不断提升自己处理这个环节的能力和技艺，探索这个环节中可能实现的改变，那么我们就离实现真正的创新不远了。

专注于一件事，看似简单，其实是对毅力和恒心的考量。成功学上有个著名的“两万小时理论”，即“经过两万小时锻炼，任何人都能从平凡变成卓越”。可以想象，两万小时的锻炼是怎样的漫长、枯燥、无趣，甚至绝望。但是，如果把这两万小时分解到活着的每一天，也就是每天半小时、一小时而已。凡人皆能做到，实现创新并非遥不可及。

高中毕业后，杨世刚便随乡里的人外出到工地打工，因做事踏实且年轻有劲，便被分配去捆扎钢筋。“虽累一点苦一点，可比别人挣得多，能够养家糊口。”在这个质朴的动因下，杨世刚专注于钢筋工工作。熟能生巧，他捆扎钢筋既快速又牢靠，其后也因这门手艺进入了一家大型建筑安装工程公司。

要成为一名合格的钢筋工，光靠捆扎技术的娴熟是远远不够的。“下什么型号的钢筋、设计怎样的结构才能有足够的承受力，这些都是需要考量的。”为此，杨世刚在工作中不断摸索总结，并自费参加成人教育，学习钢筋方面的专业知识。通过长时间的经验和知识积累，他将“手”“心”合二为一，逐渐成为全公司技术最好的钢筋工，并在工作中创新出一系列方法，能够让钢筋工更安全、高效率地完成工作。

钢筋工在工作中，每天都必须行走在钢筋铁架和悬空楼阁之间。“虽然危险，但下料的时候必须守着，防止钢筋移位变形而影响承重。”杨世刚说，尽管有规范的安全操作和必要的安全保护，但受伤还是常有的事。他脚被砸过、手被划过、腰也闪过，最严重时在医院躺了好几个月，儿女都劝他不要再做这么高危的工作了，但他依然坚持着。他说，这辈子就想把钢筋工这门技艺做好。

忠于技艺，以一技终老。杨世刚隔绝了外界的纷扰，凭借着执着和专注从平凡的岗位中脱颖而出。

杨世刚正是具备了专注的精神，在自己的一项技艺上投入全部的精力和时间，最终让他在看似毫不起眼的生产岗位上脱颖而出。对于我们每一个生产一线员工来说，也应该让自己拥有这份对岗位工作的专注，心怀“一人一技，一技一生”的理念，这样才是能够实现突破、实现创新的正途。当我们眼睛紧盯着一个目标时，就永远不可能“脱靶”。

当然，专注心并不是与生俱来的，它需要我们在点点滴滴的工作中去培养，在心中树立正确的工作态度。

（1）迷恋执着，痴心以专注。

工作将占据你生命中相当大的一部分时间和精力，从事你认为具有非凡意义的工作，方能给你带来真正的满足感。而从事一份伟大工作的唯一方法，就是去热爱这份工作。我们只有把工作当成事业来奋斗，痴心热爱，在“痴”中彰显信仰，在“痴”中彰显执着追求的劲头，就算有周折和磨炼，也会永不言弃、痴心不改，这样才能从事业中得到乐趣，才能逐步积淀起厚德载物的精神、豁达大度的气量、虚怀若谷的心胸，自然也就会豁然贯通。

（2）心怀使命，立志以专注。

“未有不立志之人，便能做得事业”，立下志向、心怀使命才能排除干扰。员工只有做到责任在心、担当在肩，才能以强烈的责任感，专注于工作、专注于职责，专心致志把工作当作光荣的事业，有一种干不好工作就食不甘味、寝食难安的使命感，认认真真对待每一项工作，通过本职岗位的不懈努力，只争朝夕奋发工作，争先进位追赶超越，才能在工作中不断实现创新。

（3）心怀激情，进取以专注。

黑格尔说：“没有激情，世界上任何一件伟大的事业都不可能完成。”心怀豪情壮志能够给创新注入动力，年龄上的青春是留不住的，但心态上的年轻却能永远保持。对于每个员工而言，保持最佳状态、激情工作，更是职责所在，使命所系。反观一些事例，一些人三天打鱼两天晒网、精神不振的直接后果，就是在岗位上、在工作中士气低落，工作成绩止步不前，自然也就没有心气去想什么创新。观察你的身边其实就不难发现，那些能够实现创新的员工，必然是心态阳光、敢于担当的人；那些不怕困难、敢于攻坚的员工，必然是激情工作、锐意进取的人。心怀激情，就是要打破被动工作的状态，树立积极的工作态度，要有一种百折不挠、愈挫愈勇的精神，以旺盛的精力和饱满的激情投入工作，不断激励斗志，奋发向上，“锲而舍之，朽木不折；锲而不舍，金石可镂”，时刻保持充满生机与活力的精神状态，方能在工作中保持专注，为创新打下良好基础。

能够专注于一项技艺，并且一生保持，那么无论我们从事的是什么领域、什么岗位的工作，都一定能做到极致。想要实现创新，依靠的并不是我们在什么样的岗位上拥有什么样的客观条件，而是看我们能否专注于一项事业，能否完全吃透一个岗位的工作，进而发现得以创新的契机。

2. 认清对你来说最重要的事

有些时候当我们一门心思地投入到创新的“大业”中去以后，每天都忙得焦头烂额，然而最终却发现自己忙了半天的成果并不显著，这究竟是为什么呢？

其实不少人在刚开始投入到创新中时，都会不约而同地走入一个误区，就是想把工作中的每件事都“创新”一下，在任何可能涉及的工作中去想办法通过创新来改变现状。然而这样做的结果就是让自己本就有限的精力和时间被分散到许多个目标点上，到头来哪一个方面都没有能够集中优势资源，最终没有能够真正达到预期效果。

在工作中认清对自己来说最重要的事是一种能力更是智慧，创新工作亦是如此。只有认清对自己最重要的创新工作，把能够投入的精力和时间一股脑放在这上面，你才有可能真正实现创新，毕竟创新从来就不是一件容易的事情。

一天，一位年近花甲的哲学教授在上他的最后一节课。在课程行将结束时，他拿出了一个大玻璃瓶，又先后拿出两个布袋，打开一看一个装着核桃，另一个装着莲子。

然后他对同学们说："我今天给你们做一个实验，我第一次看到这个实验还是在我年轻的时候。实验的结果我至今仍然常常想起，并常用这个结果激励自己，我希望你们每个人也能像我一样记住这个实验，记住这一实验结果。"老教授把核桃倒进玻璃瓶里，直到一个也塞不进去为止。

这时候他问："现在瓶子满了吗？"学过哲学的同学已经有了几分辨证的思维：如果说装核桃的话，它已经装满了。教授又拿出莲子，用莲子填充装了核桃后还留下的空间。

然后，老教授笑问道："你们能从这个实验里概括出什么哲理吗？"同学们开始踊跃发言，并展开争论。有人说，这说明了世界上没有绝对的满。有人说，这说明了时间像海绵里的水，只要想挤，总是可以挤出来的。还有人说，这说明了空间可以无限细分。

最后，老教授评论说："你们说的都有一定的道理，不过还没有说出我想让你们领会的道理来。你们是否可以反过来或逆向思考一下呢？如果我先装的是莲子而不是核桃，那么莲子装满后还能再装下核桃吗？你们想想看，人生有时候是否也是如此，我们经常被许多无谓的小事所困扰，看着人生沉埋于这些琐碎的事情之中，到头来，却往往忽略了去做那些对自己真正重要的事情，结果，白白浪费了许多宝贵的时间。所以，我希望大家能够永远记住今天的实验，记住这个实验的结果——如果莲子先塞满了，就装不下核桃了。"

当我们毫不费力、有条不紊地完成任务的时候，总觉得时间过得充实、高效又专一，那当然是最好的。你需要重新把注意力集中到真正重要的事情上，说起来容易，做起来难。分享7个方法，将帮助你实现在真正重要的事情上集中注意力，而忽略掉其他无关紧要的事情。

（1）写下最重要的事，并放在显眼的地方。

每天提醒自己什么事情最重要，仔细想想生命中什么是必不可少的，从而认识到自己明确的目标。扪心自问："什么是对我来说最重要的事，什么困难是我急需通过创新解决的，在某项技能或工作流程上的创新对于我创造的价值是否有显著提升，"仔细想一想并将列表缩减到4~5个最重要的事情，把他们写下来贴在办公桌上、电脑显示器边上等显眼的地方。

（2）确定什么事不值得关注。

这些事耗尽你的时间和精力，使人情绪沮丧，问问自己："什么事情在浪费我的时间？我怎样才能更充分利用宝贵的时间？"这才能将干扰你的琐事抛在脑后。如果想集中注意力在真正重要的事情上，就要清醒地认识到是什么活动"偷去"了你的时间。很多人甚至都没有意识到他们用了很大一部分的时间在重复无意义的活动，并且没有反思停止它们。

（3）隔离干扰。

试着在一个不会让你分散注意力的地方工作。问问自己："哪三件事情（活动、习惯和爱好）最为分散注意力，浪费时间"，确定杜绝此类干扰的方式，学习管理自己的时间。关上E-mail、即时通信工具，将手机设为静音。远离你最爱浏览的网页，减少使用电脑娱乐的时间。如果你的办公区域很忙乱吵闹，试着戴耳机听音乐或者戴静音耳塞。

（4）同一时间专注于一件事情。

同时多任务的工作会让人不能专注在一件事情上，并让工作质量下降，创新工作也是如此。当你发现确实需要依次在工作的很多方面去尝试创新时，就可以安排好创新日程表，并逐一专注地做好每一个创新。这样做你才能有条不紊地一个个实现你日程表里的创新任务。

（5）持续规划。

为了将精力和时间都投入到最重要的事情上，需要建立一个个人效率系统，让自己更好地去规划时间和精力。如果已经有一套行之有效的系统自然是非常棒，如果没有，可以建立起来并遵守它。

（6）用积极想法代替消极想法。

多数消极想法一无是处。它们分散并夺走人们的注意力，怨恨、敌意、愤怒、憎恨和嫉妒等消极情绪从来不能提高人的工作效率和创新能力，承担责任，忘记过去的失败和受的伤，用积极情绪去影响自己，我们才能面向未来，积极地看待在创新过程中遭遇的失败，从而坚持在某个事情上继续自己的创新，而非赶快换一个创新去尝试。

（7）微笑面对一切。

请记住我们有做自己喜欢的事情的权力。当然不是所有的创新工作都是有趣的，但是如果把心思放在上面，便会觉得是在享受。试着把空闲时间充分利用在我们热爱的事情上。可以从以下选项里做出选择：人们期望我们做的事；我们认为自己应该做但并不会让自己感到开心的事；为了让其他人高兴的事；仅仅是能得到短暂快乐的事。

一个人只有认清对自己最重要的事，才能将创新精神用在最该用的地方上，真正让它给我们的工作带来益处。乔布斯对此总结得非常完美："这是我自己的座右铭之一——专注和极简。极简难于复杂，因为你需要努力工作让你的思想清澈和简单，但这非常值得，因为一旦你做到了，就可以得到无穷的力量。"当我们认清自己认为最重要的事情并将创新精神投入于此，化繁为简就是让创新为这最重要的事情去服务，那么我们的创新就将是非常有意义也非常有成效的。

3. 工作前排除一切干扰

认清自己该投入创新的工作并在创新中保持专注是能够让我们真正实现有意义的创新最关键的步骤，而要想让自己尽可能地在这两方面做到位，首先我们就必须在工作前排除掉所有干扰，这是进入专注状态并认清目标的重要准备。

世界高尔夫球赛冠军纪录保持者尼古拉斯说："我从不认为天分是如何重要，重要的是如何激发对自身工作的激情。在我们这一行中，比我有天分的大有人在，但他们总是被一些事情干扰，因此我才能出人头地。"

垒球名将阿诺说："球场上的超级巨星与一般玩球者有什么不同？只有一点点不同，那就是专心程度不一样。对于赛场上的对手，我仅仅接触一次，就能对他们了如指掌。什么时候，他们会怎样投球，我都可以告诉你，因为我专心致志地研究他们。"

作家二月河与读者交流时，略带诙谐地说："我没什么才气，但运气还算马马虎虎，我写小说基本上是个力气活。不信，大家也试试，一天写上十几个小时，一写就是20年，不管怎么着，你们也能弄点有成就的东西出来。”

在工作前排除干扰，一个人才能做到心无旁骛，不受到任何影响。专注的状态让人的精力集中程度达到了一种“巅峰状态”，从而脑力产生质的飞跃，进而创新的思维也会一并迸发出来。一个人如果能长时间在自己的工作中排除所有因素的干扰，那么他就能够凭借因此而带来的强大创新能力把工作越做越出色。

（1）不要让自己受到“消极意见”的影响。

这个世界上一半以上的伟大创新都是顶着他人的反对声与嘲笑而实现的。如果你总是被身边的“消极意见”所左右，从而无法保持坚定的信念，那么你也不可能在工作中进入专注状态。有些时候当你以为自己与所有人背道而驰时，那恰恰是面对成功的方向。

电影《风雨哈佛路》是一部励志向上、催人泪下的经典影片，女主角丽兹的父母吸毒，她无依无靠，8岁开始乞讨，15岁时母亲死于艾滋病，父亲又进了收容所。在17岁的时候，她用了两年的时间学完了高中4年的全部课程，获得1996年《纽约时报》一等奖学金，最后进入哈佛大学学习。这是一个根据真实的人生改编的电影。

电影中有一个桥段，丽兹因为有过一段流浪乞讨的经历，使她认识了跟她一样处境的另外一个女孩，这个女孩在得知丽兹正在想方设法读书学习，并且想考取哈佛大学时，一直对丽兹冷嘲热讽，百般阻挠，想让丽兹跟她一样继续以前的流浪生涯，然而丽兹知道自己真正想要什么样的生活，毅然决然地与这个女孩断了联系。

电影往往源于生活，又影响着生活。

他在一家互联网公司工作，在公司是一名总监，他是由一名普通的业务员晋升的，老总非常器重他，当时总监和公司很多同事私交关系甚好。有一次，公司出了很大的变故，好几名和他关系非常不错的同事因为种种原因离职了，在所有的老员工里，就只剩下他了。隔了没多久，公司老总把这名总监叫进办公室，打开电脑，专门播放了这部电影而且重点观看了这个桥段，看完之后，老总意味深长地说："我想让你知道，你来公司的目的是什么，你要明确自己以后要走的路，希望其他员工的离职不要影响到你的工作情绪和状态，你也不要让一些外界干扰分了心！"

他记住了老板的话并坚定地排除了这些外界干扰一心工作。不久以后，公司越做越大并在海外开辟了分公司，而分公司的总经理就是他。

很多人的成功之路上可以说充满了质疑与讥讽，然而成功者并没有被这些"消极意见"所左右，依旧专注于自己的工作与事业当中，而最终比那些在他们成功道路两旁"喝倒彩"的人走得更远、更高。对于我们这些走在创新之路上的员工来说亦是如此。也许你所专注的创新工作并非能够得到每个人的认可，然而这并不能阻止你获得成功。创新是否成功并不取决于任何人，只取决于我们自己是否拥有坚定的信念去实现它。

（2）从目标设置的阶段就采用专注思维。

利用二八定律排除不重要的 80% 的内容，选择对你而言最重要的 20% 的事项。每天如果有十件待办事项，可能重要的就那么两三件。你可以先挑出工作中你必须做的事情，然后在其他的事情中找出三件给你带来最大收获和快乐的事，这些事情就是你需要做的。

此外，你还要学会关注创新工作中积极的20%。很多人总是关注问题，这让自己很难保持专注。但把视角转向自己成功的部分则会让你收获更愉悦的创新体验，从而让专注状态保持下去。你可以记录自己认为很满意的几件事情，这迫使你每天必须正向思维一次，肯定自己。当你总是去想让你满意的工作结果时，就会觉得自己也没有那么差，还是很有成就感的。这样你容易把长久才能显现效果的事情坚持下去。一个只看问题的人很容易放弃计划，因为觉得自己实在做得太糟糕了，而积极思维的人则能够看到进步，不断改善，最终到达终点。所以下次在自己的日记中试试每天列举几项成功的事情，坚持一段时间看看会不会有不同。

保持内心的宁静，不受外界干扰，坚持做应该做的事，就可以做到坚守信念，实现自己的创新目标。诸葛亮写给他八岁儿子诸葛瞻的《诫子书》中说："夫君子之行，静以修身，俭以养德。非淡泊无以明志，非宁静无以致远。"切忌急功近利，要脚踏实地地行走在创新路上，自然就会少一些困惑，多一分坚定，在追求创新目标这个过程当中享受到沿途风景，给内心带来真正的欢愉。

4. 专注于你的第一个创新目标

有句古话说：不要把鸡蛋都放在一个篮子里，这也成为很多人一生信奉的“真理”。这句话在有些情况下可能并没有错，但是这不代表着它永远是对的。在创新路上有不少人都是秉承着这样的想法，在创新过程中树立一个又一个的新目标，一个目标尝试了一下遇到困难就赶快切换到另一个目标上。这样做看似“稳妥”，实则却很难实现有价值的创新。

钢铁大王卡耐基提出了这样的忠告：“把你所有的蛋放在一个篮子里，然后看住这个篮子，不要让任何一个蛋掉出来。”我们应该专注于最初的那个创新目标，因为那往往才是我们最需要也是从内心本源出发而设立的目标。

做事有且只有一个目标是一种良好的习惯。这种习惯将会帮助我们在创新过程中培养能够迅速做出决定的能力，将帮助我们把全部的注意力集中在一项工作上，直到我们完成了这项工作为止。这才是真正的工匠精神、创新精神。

当然，要想专注于第一个创新目标并将它实现，光靠精神还是不够的，我们还需要掌握一些技巧与方法。

（1）设定 SMART 目标。

要想做到专注于第一个创新目标，首先需要明确我们想要获取什么，这也就是为什么要设定 SMART 目标。首先，我们来看看设定目标的步骤，这样就可以把它运用到所确定的领域中。

SMART 目标指什么？

S（specific）代表具体。比如，像“减些体重”“挣更多的钱”或者“更受欢迎”这种目标都没什么意义，因为这些目标太模糊。如果我们只减掉 1 千克，虽然我们确实瘦了些，但我们很可能对这个结果并不满意，因此设定一个具体的体重目标更有意义。同样的道理也适用于金钱甚至于更受欢迎的个人魅力。究竟怎样才算是更受欢迎呢？是再多两个关系密切的朋友？或者再认识六个新朋友？如果我们对于这些确切数字感到有难度，那就问问我们自己：当目标实现时，我们会看到和听到些什么，这和我们现在看到和听到的有哪些不同。

当我们做这些决定的时候，要确定我们所使用的准则都是对我们有实际意义的，而不是我们认为其他人希望我们这样做。想要满足他人的预期是傻瓜才会做的事情，因为假设我们真的按别人的期望去做，他们的期望可能瞬息万变，而我们只会一直处于苦苦挣扎的困境中。

还有一点就是，最好要设立一些积极的目标，也就是像“减轻 10 千克体重”这种目标，最好能设定为“达到健康体重”。否则，我们时不时就会想到消极的方面。

M（measurable）代表可计量。一旦变得具体，计量我们是否实现目标的方式也常常不言而喻。还是用像体重、钱财这些比较具象的例子来说，我们会使用体重计或者脂肪监控仪；如果是关于金钱，我们的银行账户会让一切明了。事实上，我们是否能够对目标进行计量是对我们的目标是否已经足够具体的最佳检测。如果我们无法对目标进行计量，那么倒退回去，重新调整我们的目标。

接下来的两个目标，A 和 R，分别代表可获得的（attainable）和现实的（realistic）。如果我们想要目标能够激励我们做必要的工作并最终实现这些目标，那么我们就需要设立远大的鸿鹄之志，最令人兴奋的目标应该是那些我们并不百分之百确定是否确实可获得，是否确实可实现的。虽然我们以前从没写过书，但我们的书能成为畅销书吗？我们能否做这样一个生意，这个生意能让我们在未来五年挣到足够的钱，然后退休开始做自己喜欢的事情或者做慈善事业？其实，很多人都做过那些事。要想知道答案，只有一种方法：那就是立刻写书或者马上开始做这个生意，然后看看会发生些什么。

唯一现实的问题是我们所愿意做出的牺牲和我们的目标范围是否吻

合。如果答案是肯定的，那么放手去做。如果我们竭尽全力付出，我们便很有可能实现自己的目标。

顺便说一下，如果我们想咨询其他人关于是否实施宏伟计划的问题，一定记得要去问一问真正做过这件事的人，而不要去问那些毫无经验的人。前者会是问题处理专家，而后者只可能是问题制造专家。

T（timely）代表及时，一般而言，这是指为将要实现的目标设置一个截止日期。这个因素也摧毁了很多的希望和计划。

（2）当心致命的最后期限。

事情常常这样发展：我们设定了一个有截止日期的目标，比如说“到 3 月 1 日，我要在某个环节上实现某些创新并应用到实践”，或者“到 9 月底的时候，我要让创新的方法提升 30% 业绩”，或者“到 2 月 15 日，我要开始为下一个创新做准备”。

然后我们开始做那些我们觉得能让我们在截止日期之前实现目标的事。如果我们和大多数人一样，通常情况下，一定无法实现创新的目标。事实是，要么我们的创新反而带来了反向影响，要么还保持原样，或者我们确实通过创新获得了一些好处，但这个数字达不到我们所设定的目标。

假设失败了。当遭遇失败，我们都会觉得失望或沮丧，并且很可能放弃所设定的目标。更糟糕的情况可能是，我们甚至不太愿意为其他目标而努力。

这种设定截止日期的目标设定方法有两个致命的缺点。第一个缺点是当我们开始为某个创新目标努力奋斗时，一般情况下并不知道将要怎么做。可能只是对于该用什么方法和要做些什么事有那么一点儿概念，但我们并不知道这些方法和事情是不是真的有用或者到底有多少用处。第二个缺点是在很多情况下，要想实现创新目标，我们需要其他人的配合。我们可以影响他们的反应情况，但却无法对此进行控制。综上可见，在这些因素的不断作用下，我们怎么可能为自己的创新设定一个时间限制呢？

（3）将宏伟的目标分解成一个个小目标。

宏伟的目标能够让我们实现具有突破性的创新。同时，有一点很关键，那就是我们需要把这个大的目标分解成很多小目标，这样我们才会一直有进步和有成就感。在我们实现最终目标之前，不要吝啬于庆祝。建立一些里程碑式的事件，在这些事件完成之时，进行庆祝。

（4）规划诚可贵，行动价更高。

对于我们来说，进程中的每一步都需要做些计划，但是要小心，千万不要变成规划上的巨人，行动上的矮子。如果我们喜欢做一些详细的计划、表格、流程图、思维导图等，建议考虑少做些规划，把更多的注意力放在实现创新目标上。当然，使用图表和其他一些视觉辅助措施能够帮助我们专注于所需要做的事情，但它们不能成为我们所需要做的事情的替代品。在商业社会，进程中的这两个部分分别被称为计划工作和实施计划。

（5）制订坚持战略。

到目前为止，一切都很好，但我们还有一个隐藏的障碍需要克服。通常我们采用一个策略，我们在第一个星期甚至第一个月，对这项策略执行得很好。然后，工作中的琐事打乱了我们的计划，减少了在创新工作中投入的精力和时间，甚至完全不投入，结果创新自然是失败了。

（6）要明白失败的唯一途径就是我们的自我放弃。

我们不仅需要实现目标的策略，还需要保证我们按照创新策略进行执行的方法。我们可能失败的唯一原因就是自己的放弃。但通常情况下，我们确实会停止执行策略。一旦我们发现这一现象发生，执行B计划。

确定我们停止执行的原因是不是我们对某个创新策略尝试了很长时间，但并不奏效。如果答案是肯定的，那么是时候进行头脑风暴想出一个新的创新策略并开始执行它。如果停止的原因是我们所做的事情太难以执行，那么同样采取上述办法。比如，我们决定每个礼拜投入8个小时在创新工作中，但我们发现这个安排其实不太现实。我们可以改变计划，比如改为一个礼拜投入3个小时，然后看看效果如何。

如果我们停止的原因仅仅是因为忘记了，或者这个创新策略不太方便，或者自己变懒了，那么尝试换一个新的策略，可以让我们以一种更轻松、更快乐、更容易上心的方式来做这件事。

想要信念坚定地去完成第一个创新目标其实非常不容易，这也就是为什么大部分人无法做到这一点。但是只要我们能够通过调整心态和策略实现它，那么我们就离实现真正的创新不远了。

5. 在创新中运用“第二自我”策略

每个人都有自己不同的性格特点，当然这些特点也会影响我们在创新工作中的发挥水平。有些人可能天生就不太擅长创新这样的事情，难道这样的人就只能放弃在工作中创新吗？当然不是。每个人其实都可以运用一种心理学策略来让自己转变成最适合进行创新的“角色”——“第二自我”策略。

“第二自我”这个概念最早出现在演员这个领域里。演员的“第一自我”是他们在现实生活中所扮演的角色，而“第二自我”则是他们为了影视作品的需要而去“扮演”的角色。其实在创新中，我们也可以通过运用类似的“第二自我”策略，来让自己专注于某项创新工作，从而让自己进入“工匠级”的创新状态。

“第二自我”策略是关于决定你的众多性格中哪一条对给定情景最有效，以及让这一性格进行主导。这些性格称作你的“第二自我”。让正确的性格做主，你会发现自己的办事效率更高，并且，所需承受的压力也会更少，甚至你会觉得做这些事很有趣。

你可以在需要对某一情形进行反应时或者计划做某一任务时对“第二自我”进行选择。首先，如果在某些情况下你的反应总是毫无建设性可言，你可以停止做出这种反应，用其他方式进行替代。这么做的一个例子就是在你愤怒的时候，从一数到十。在不满情绪不断上升的情况下，这给你时间考虑不满情绪是否真的有用，也给你时间重新进行反应。即使“急性子的你”想要控制场面，你还是可以选择让“坚定而冷静的你”来处理问题。

当你准备着手处理一项任务时，这也同样有效。假如你得打扫车库，但你真的不想做这件事，你宁愿四处闲逛，或者看看今天早上刚寄来的杂志，你可能会拖拉着不去打扫车库，或者你可能会强迫自己清理车库，但你还是会想着出去逛逛或者看看书要比这有意思得多。如果你做后者，这项工作很有可能会花费你更多的时间，完成得也很一般，当然也没什么乐趣可言。

从现在开始，你可以从自己的多重性格中选择合适的方面来对某件事情进行管理。这一过程的简略步骤如下：

（1）分析手头的任务。处理这项任务需要什么品质？假如你将要雇用别人来帮你做这项工作，你想要这人具备怎样的品质呢？这可能包括专注、集中精力、能理智（不感情用事）地判断什么该扔掉、有效率、动作快且目的性强。

（2）用你的记忆或想象力创造或再造一个拥有那些品质的人，然后进入这种理想状态。给“第二自我”取个名字，回忆你曾经表现了这所有或大多数品质的时候，思考这和你手头上哪些工作无关。你可以把记忆中不同的事组合起来（比如，你精神完全集中的时候和你非常理性地对待所需处理的事项的时候可能是两件不同的事）。

（3）让“第二自我”主宰你，直到任务完成，或者直到你到达某个需要另一个“第二自我”的时刻。现在站起来，然后让你的记忆进入那种状态。闭上双眼，花几分钟来完全投入这种状态中。这会比较有帮助。当你通过这种方式进行感受时，记住你所看到的、你所听到的（比如，你对自己说了些什么，别人对你说了些什么）以及你内心的感受。如果你对此并没有什么很深的印象，用你的想象力创造这种感受。给这个状态的自己取个有意思的名字很有帮助。

（4）完成这项任务，然后自觉地从这种“第二自我”中退出，进入到更典型的自我中，或者进入另一种更适合于你将要做的事的“第二自我”中。

掌握“第二自我”策略能够帮助每个员工都在创新工作中让自己

进入最佳状态，屏蔽那些会对创新工作产生阻碍的情绪、人格，从而更容易让自己进入专注状态，摆脱自己内心对自己的不良影响。

6. 尝试进行注意力训练

专注力最直观的表现是什么？其实就是我们在工作中是否能够集中注意力。同样，如果我们反过来训练自己的注意力，那么它也能反作用于内心。观察力与注意力互为因果、相辅相成。所以观察力的练习有助于注意力的集中。

你是不是经常对眼前的事物视而不见？你是不是经常走在街上，却对交通信号灯的排列回想不起来？你是不是对一个人非常感兴趣，但想向别人介绍时却说不出来或写不出来？那是因为你没有养成观察事物的好习惯。经常进行观察力的练习可以帮助你改善你的注意力、记忆力、学习能力，能帮助你在创新工作中更专注。

(1) 静视——一目了然。

①在你的房间里或屋外找一样东西，比如手表、自来水笔、台灯、一张椅子或一棵花草，距离约 60 厘米，平视前方，自然眨眼，集中注意力注视这一件物体。默数 60 ~ 90 下，即 1 ~ 1.5 分钟，在默数的同时，要专心致志地仔细观察。闭上眼睛，努力在脑海中勾勒出该物体的形象，应尽可能地加以详细描述，最好用文字将其特征描述出来。然后重复细看一遍，如果有错，加以补充。

②你在训练熟练后，逐渐转到更复杂的物体上，观察周围事物的特

征，然后闭眼回想。重复几次，直到每个细节都看到。可以观察地平线、衣服的颜色、植物的形状、人们的姿势和动作、天空阴云的形状和颜色等。观察的要点是，不断改变目光的焦点，尽可能多地记住完整物体不同部分的特征，记得越多越好。在每一次练习之后，闭上眼睛，用心灵的眼睛全面地观察，然后睁开眼睛，对照实物，校正你心灵的印象，然后再闭再睁，直到完全相同为止。还可以在某一环境中关注一种形状或颜色，试着在周围其他地方找到它。

③去观察名画。必须把自己的描述与原物加以对照，力求做到描写精微、细致。在用名画作练习时，应通过形象思维激发自己的感情，由感受产生兴致，由兴致上升到心情。

这样，不仅可以改善观察力、注意力，而且可以提高记忆力和创造力。因为在你制作新的心中的形象的过程中，你吸收使用了大量清晰的视觉信息，并且把它储藏在你的大脑中。

（2）行视——边走边看。

以中等速度穿过你的房间、教室、办公室，或者绕着房间走一圈，迅速留意尽可能多的物体。回想，把你所看到的尽可能详细地说出来，最好写出来，然后对照补充。

在日常生活中，眼睛像闪电一样看。可以在眨眼的工夫，即1~4秒之间，去看眼前的物品，然后回想其种类和位置；看马路上疾驶的汽车牌号，然后回想其字母、号码；看一张陌生的面孔，然后回想其特征；看路边的树、楼，然后回想其棵数、层数；看广告牌，然后回想其画面和文字。所谓“心明眼亮”，这样不仅可以有效锻炼视觉的灵敏度，锻炼视觉和大脑在瞬间强烈的注意力，而且可以使你从内到外更加聪慧。

（3）抛视——天女散花。

取25~30块大小适中的彩色圆球，或积木、跳棋子，其中红色、黄色、白色或其他颜色的各占1/3，将它们完全混合在一起，放在盆里。用两手迅速抓起两把，然后放手，让它们同时从手中滚落到沙发上，或床上、桌面上、地上。当它们全部落下后，迅速看一眼这些落下的物体，然后转过身去，将每种颜色的数目凭记忆而不是猜测写下来。检查是否正确。

重复这一练习10天，在第10天看看你的进步。

（4）速视——疏而不漏。

取50张7厘米见方的纸片，每一张纸片上面都写上一个汉字或字母，字迹应清晰、工整，将有字的一面朝下。也可用扑克牌。取出10张，闭着眼使它们面朝上，尽量分散放在桌面上。睁眼，用极短的时间仔细看它们一眼。然后转过身，凭着你的记忆把所看到的字写下来。紧接着，用另外10张纸片重复这一练习。每天这样练习三次，重复10天。在第10天注意一下你取得了多大进步。

（5）统视——尽收眼底。

睁大你的眼睛，但不要过分以至于让你觉得不适。注意力完全集中，注视正前方，观察你视野中的所有物体，但眼珠不可以有一点的转动。坚持10秒钟后，回想所看到的东西，凭借你的记忆，将所能想起来的物体的名字写下来，不要凭借你已有的信息和猜测来作记录。重复10天，每天变换观察的位置和视野。在第10天看看你的进步。

数秒数的过程一般会比所设想的慢。你可以在练习前先调整一下你数数的速度。一边数一边看着手表的秒针走动，1秒数1下，在1分钟结束的时候刚好数出“60”，也可以1秒数2~3下。

当然，注意力的集中作为一种特殊的素质和能力，除了需要通过观察力来强化，还需要通过一些科学的训练来获得。那么，训练自己注意力、提高自己专心致志能力的方法有哪些呢？

方法之一：运用积极目标的力量。

这种方法的含义是什么？就是当你给自己设定了一个要自觉提高自己注意力和专心能力的目标时，你就会发现，你在非常短的时间内，集中注意力这种能力有了迅速的发展和变化。

我们要在训练中完成这个进步。要有一个目标，就是从现在开始比过去善于集中注意力。做任何事情，一旦进入，能够迅速地不受干扰。这是非常重要的，比如，你今天如果对自己有这个要求——我要在注意力高度集中的情况下，将这一讲的内容基本上一次都记住。当你有了这样一个训练目标时，你的注意力本身就会高度集中，你就会排除干扰。

我们知道，在军事上把兵力漫无目的地分散开，被敌人各个围歼，是败军之将。这与我们在学习、工作中一样，将自己的精力漫无目标地散漫一片，将永远是一个失败的人物。学会在需要的任何时候将自己的力量集中起来，注意力集中起来，这是一个成功者的天才品质。培养这种品质的第一个方法，是要有这样的目标。

方法之二：培养对专心素质的兴趣。

有了这种兴趣，我们就会给自己设置很多训练的科目、训练的方式、训练的手段。我们就会在很短的时间内甚至通过一个季度的自我训练，发现自己和那些大国工匠一样，有了令人称赞的注意力集中的能力。

我们在休息和业余生活中可以散漫自在，一旦开始做一件工作，如何迅速集中自己的注意力，这是一种才能。在军事上，要集中自己的兵力而不被敌人觉察，要战胜各种空间、地理、时间的困难，要战胜军队的疲劳状态，要调动方方面面的因素，需要各种集中兵力的具体手段。我们集中自己的精力、注意力，也要掌握各种各样的手段。这些都值得探讨，是很有趣的事情。

方法之三：善于排除外界干扰。

要在排除干扰中训练排除干扰的能力。毛泽东在年轻的时候为了训练自己注意力集中的能力，曾经给自己立下这样一个训练科目，到城门洞里、车水马龙之处读书。为了什么？就是为了训练自己的抗干扰能力。一些优秀的军事家在炮火连天的情况下，依然能够非常沉静地、注意力高度集中地在指挥中心判断战略战术的选择和取向。生死的危险就悬在头上，可是还要能够排除这种威胁对你的干扰，来判断军事上如何部署。这种抗拒环境干扰的能力，需要训练。

方法之四：善于排除内心的干扰。

在这里要排除的不是环境的干扰，而是内心的干扰。环境可能很安静，在办公室里，周围的人都坐得很好，但是，自己内心可能有一种骚动，有一种干扰自己的情绪活动，有一种与当前工作不相关的兴奋。对各种各样的情绪活动，要善于将它们予以排除。这时候，我们要学会将自己的身体坐端正，将身体放松下来，将整个面部表情放松下来，也就是将内心各种情绪的干扰随同身体的放松都放到一边。内心的干扰常常比环境的干扰更严重。

方法之五：节奏分明地处理学习与休息的关系。

我们千万不要这样去进行创新工作：这一天全部的时间都暂时安排给创新工作，然后从早晨开始就好像在做这项工作，但是，实际上同时一会儿干干这个，一会儿干干那个，这样效率很低。十二个小时就这样过去了，休息也没有休息好，其他工作也没做好，关于创新的工作也没有什么成效。或者，你一大早到咖啡厅打算边休息边思考创新工作的问题，坐了一个小时或两个小时，散散漫漫，确实思考了，但是也跟没思考差不多，没有解决多少问题。这叫工作和休息、劳和逸的节奏不分明。正确的态度是要将节奏分明。那就是从现在开始，集中一小时的精力，全力解决创新中遇到的某一个问题，高度地集中注意力，尝试着一定把某项工作做完，工作完了，再休息。当需要再次进入工作的时候，又能高度集中注意力。这叫张弛有道。永远不要熬时间，永远不要折磨自己。一定要善于在短时间内一下把注意力集中，高效率地完成创新工作。要这样训练自己：安静的时候，像一棵树；行动的时候，像闪电雷霆；休息的时候，流水一样散漫；工作的时候像军事上实施进攻一样集中优势兵力。这样的训练才能使自己越来越具备注意力集中的能力。

方法之六：空间清静。

这个方法非常简单，当你在创新工作中，要将办公桌上与你工作内容无关的其他书籍、物品全部清走。在你的视野中，只有你现在要用的工作用品。这种空间上的处理，是我们训练自己注意力集中的最初阶段的一个必要手段。我们常常会发现这样生动的场面：你坐在桌子前，想着创新思路，这儿有一张报纸，上面有些新闻，你止不住就打开了，看了半天，才想起你是来工作的。一张报纸就把你牵走了。或者本来你是要思考的，桌子一角的手机亮了，于是你就看了起来，从创新思维走出去了。甚至可能是一个小纸片，上面写着什么字，看着看着又想起一件事情。这都是完全可能的。

训练注意力除了有助于我们在创新工作中集中精神提升效率，更能够让我们获得专注力，并在创新工作的方方面面保持工匠般的专注，让工匠精神与创新完美结合在一起，迸发出巨大能量。

7. 克服你的专注障碍

我们可能会发现，在日常生活和工作中，我们的注意力越来越难以集中，特别是身处网络社会环境中，当查找一条简单信息的时候，我们很容易分神，去访问一些相关的网站，浏览一些有趣的内容，不知不觉中时间就过去了，即使是做创新工作时也会这样。

举一个例子，在写作时，我们都想仔细推敲出一个完美的开篇，于是花很多时间对文章第一段或第一页写了改，改了写，而不是先完成整篇文章再进行修改，在修修改改中，我们惊觉这种方式效率并不高，造成时间的浪费。

上述行为表明，我们所做的事情本身并无任何问题，关键在于做事的方式过于浪费时间。

很显然，要克服这个问题，答案肯定不是停止做任何工作或是停止进行创新，而是留意可能的注意力分散点。

（1）删除或减少。

通常情况下，有些事情是可以完全不必去做的，或者可以少花时间在上面。对大多数人来说，这至少代表了他们所花费时间中的10%～15%。这听起来可能并不算多，但在一天的工作时间中，这代表着每天多出45～60分钟能用于高附加值任务的时间。试想，如果每天在你最重要的目标上多花一小时，你能额外收获多少。

这里列举了一些绝大多数人都能从日常工作中进行删减的事项：获

取不相关的信息、低效地处理文书工作、在邮件上花费过多时间、参加毫无价值或不必要的会议。

（2）分配任务。

删减完次要的事情，就要看剩下的工作有哪些可以分配给其他人去做。我们的目标是尽可能多地把时间利用在能带来最大价值的事情上。如果我们花大量时间在自己做归档、复印、出差、接听日常电话等工作，那么很可能正在浪费大把的时间。

如果通过删除日程表中不必要的事项能够为我们赢得一小时，通过分配其他人完成某些任务，能够为我们赢得另一个小时，这也就意味着每个月多出将近一个礼拜的时间能够用来做附加值更高的任务。

我们所需要的是真正能让困难的事变得简单、变得更加有趣的方法和技巧。这是人类的天性，一旦曾经觉得很困难的事情、高附加值的任务开始变得和低附加值任务一样简单和有趣，我们会乐意做更多这类事。这些事情做得越多，所能创造的价值就越高，并且能够获得更多的回报。

时间花得最多的那些事，并没能给我们带来最多的价值，但这些事情却比最有价值的事情更吸引我们。但我们总不得不面临一些“紧急但不重要”的任务，下面提供一些针对这些任务的可行性策略。

策略一：任务分解。

一项过于庞大的任务会让人望而却步、心生不悦。要完成这种任务，秘诀是把任务分解成易于完成的子任务。要持续不断地对任务进行分解，直到这些子任务都很容易完成，直到不再惧怕面对这些任务。

策略二：不必从头开始。

很多情况下，我们并不需要从头开始。比如我们可以准备一盒索引卡，记录下这一天中我们脑子里所冒出来的所有想法。把这些卡片收集起来，定时拿出来翻一翻，看看这些想法是不是能拿出来用，或者这些想法能不能促使我们想到其他主意。然后再决定现在能做这一大项工作中的哪一小块。

如果我们选择以做最有意思的事情为开始，这么在做的同时我们就已经为剩余的工作准备好了冲劲。

策略三：创造流程。

当“流程”状态出现时，我们常常投入于所从事的事情，而失去了时间概念。这是一种令人愉悦的经历，在这种经历中，我们会不自觉地进入专注状态。

策略四：充分利用零碎时间。

在电视节目间隙、外出购物时、乘坐交通工具时或是出席不必要的应酬时，可以利用这些时间在完成我们的项目上。充分利用零碎时间，可以做成很多事情。

策略五：寻找障碍克服策略。

做一些自己不喜欢的工作时，听一些喜欢的音乐，和自己喜欢的人一起工作。当一件事情完成时，给自己一定的奖励作为回报或者和别人打赌一定能完成这些工作，要保证赌注是真正会让你心疼的东西。

光是训练注意力并不一定能够让我们获得足够专注，但一定有助于我们克服一些存在于内心的专注障碍，赢得自信心。当这些障碍被打破，我们就会发现自己在创新工作中能够表现出更强的专注力，创新思维也更活跃。

第三章

精细：成功创新离不开步步精心

在创新这件事上，1%的疏忽往往就会带来100%的失败。创新之事，必作于细。只有在创新过程中做到步步精心，不放过任何一个细节，不忽视任何一点问题，创新才能最终迎来成功。

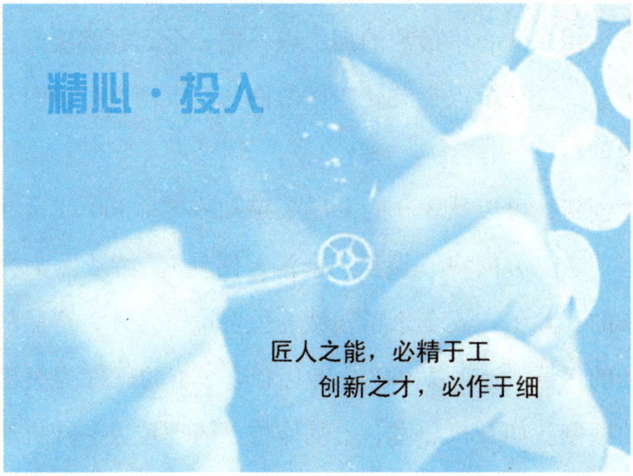

1．“微时代”创新，必作于细

随着互联网的发展，信息迅速流动更新，人们很难沉静下来去琢磨和学习一些新的技能，阅读一篇长的文章。尤其是移动互联网的兴起，我们的时间被碎片化，相对应的“微”产品风生水起，如微信、微博、微拍、微视等，我们的生活就被“微”所环绕着，同时，“微”也成为我们生活的主流。对于制造业和身处制造业的员工来说，我们也应该重视这种“微”变化。随着“微”生活的开始，越来越多人也开始注重产品的细微之处，因此我们的创新也应该尽可能“微”处理，作于细节。

周鸿祎曾经对“微创新”进行过定义：你的产品可以不完美，但是只要能打动用户的心里最甜的那个点，把一个问题解决好，有时候就是四两拨千斤，这种单点突破就叫做微创新。微创新可以引起质变，形成变革式的创新。

说到微创新，可以从360的发展来窥知一二。360就是在中国互联网格局初定，老三大门户（搜狐、新浪、网易）、游戏巨头并存的情况下发展起来的。除了在安全杀毒领域的免费策略之外，产品的微创新也成为其成功的保证。360以360安全卫士这一小的软件为突破口，用一个又一个的微创新如开机速度、电脑体检、清理垃圾、开机速度比较等迅速扩大了市场份额，成为互联网的新巨头。

通过360的发展可以看出，在巨头林立的一个领域，巨头们已经占据大部分的市场份额，在新的创业者的面前是一个不可逾越的障碍，新的产业进入者不能和巨头直接竞争，只能在巨头不愿意关注和没有关注的细节上打开缺口，突然做出产品打开细分市场。通过快速更新和完善产品，进一步扩大市场占有率和影响力，等巨头们开开会、分析分析回过神来，已经很难进行压制了。

在微时代下的创新主要以三方面作为突破口：

(1) 主流兼容性微创新。

每个细分市场都有主流性的消费特点，龙头企业往往是这些消费主流的规则掌控者。它们凭借强大的经济和市场实力引导着主流的消费倾向和消费理念。比如在数码产品领域，硬件的性能和端口特征，以及软件的文件格式和兼容性都存在明显的主流特点。消费者在选购新数码产品时，往往要权衡硬件配置和性能，甚至查看端口与既有家电用品能否匹配。因此，贴近主流的微创新才更容易被市场接纳，独辟蹊径的“大”创新往往被视为另类，被孤立和忽视。

几年前，国内某知名数码品牌厂商推出一款全新MP4，功能貌似很强大，图片浏览、音乐播放、电子书阅读、录音、游戏、视频播放一应俱全。但是，其核心的视频功能需要使用特殊格式的文件才能播放。为此，该厂商提供了一个格式转换的软件，帮助消费者将想要观看的视频文件从常规的主流视频格式转换为该产品特有的格式。但是，消费者在进行视频转换的时候发现格式转换速度非常慢，转换一部普通电影往往需要耗费几个小时，比真正观看影片的时间还要长。此外，还要选择合适的清晰度规格，否则，视频在转换之后可能无法播放。最终产品因销量不佳，被迫退出市场。随后，该数码品牌厂商将旗下所有产品的兼容性进行全面提升，其 MP4、电子书、平板电脑等产品的视频和音频功能，不但能够支持市场主流文件格式，而且能够兼容一些非主流的格式，这些文件格式的兼容性微创新大大提升了产品的适用性，通过这些微创新，该品牌的多款产品成为当时市场的畅销品。

其实，基于产品软件格式与硬件接口方面的主流兼容性微创新尚属于较低层次，更高层次的微创新需要兼容的是社会、行业和消费环境的主流趋势，这就不仅仅是数码领域，对于制造业每一个领域都有着重要意义。为此，我们需要洞察主流消费趋势和特征，将其贯彻到自己的生产工作中。

苹果公司推出的苹果手机（iPhone）实际上是此方面的集大成者。在 iPhone 诞生之前，触摸屏技术已经开始普及，智能手机技术、计算机技术和互联网技术的发展都非常迅速，这些都已成为未来的主流消费趋势。在一部小小的手机中，乔布斯将智能手机技术、触摸屏技术、计算机技术和互联网技术等主流科技成果高度融合并微型化，构建出了非常宽适的软件应用平台，创造了空前博大的手机软件兼容性能，从而将多种主流消费趋势包容其中。

由此可见，主流兼容性微创新不但是诸多行业的基本竞争要素，更可能成为一种核心竞争力。将主流技术与主流消费趋势兼收并蓄，充分融合，哪怕是一线生产中再小的微创新也有可能创造出引领时代的旷世之作。

（2）战略突围性微创新。

有些微创新看似微不足道，其实具有很强的战略意义。《美国国家地理》杂志是早期的典型案例。早在1904年年底，时任《美国国家地理》杂志主编的吉尔伯特·H·格罗夫纳为了填补1905年1月即将出版的杂志空白部分，用了整整11页刊登中国西藏拉萨的照片。结果，这一临时“被动”的微创新得到了很多读者的认可。从此，《美国国家地理》杂志从最初严谨的少数人阅读的学术性杂志，转变为“图片新闻主义”的代表，成为以摄影图片为核心的主流杂志，风行全世界。

如同《美国国家地理》杂志的发展转变一样，很多战略性的机遇往往潜藏在毫不显眼的细微之处，偶尔散发一下独特的光芒，就能轻松抓住消费者的目光。厂商需要做的就是抓住这种闪光的微创新，将其放大成为产品和品牌的光环，发展成为战略性的独特卖点，进行市场战略突围。

20世纪80年代，单反相机市场的竞争已经白热化，各品牌之间的竞争已经极致细化，深入到产品相关的各细枝末节的层面。1980年，尼康发布了第3代顶级型号的单反相机F3，简单易用又有一定的专业水准，而且拥有众多配件与可互换附件，扩展了其在不同用途下的使用范围。尼康F3的上市给佳能造成很大压力，在1981年9月，佳能在原F-1单反相机的基础上，推出了更为极致的产品Canon New F-1，通过对各种细节的品质创新，将坚固的程度做到全新高度，比如机上盖和底板都是黄铜制造，机身厚度达1毫米，并采用激光焊接工艺，相机的内部电路全部经过防潮防氧化处理，连接口都有橡胶密封条，电子机械混合式钛快门可以保用10万次，工作温

度 -30 ~60℃，95%湿度下仍然可以正常工作。经过这样彻底的微品质提升，“坚固”几乎成为 Canon New F-1 的核心战略卖点，有效帮助佳能进行竞争突围。

如今，在中国市场，战略突围性微创新的例子也有很多。在淘宝网出现之前，易贝（eBay）已经成为 C2C 和 B2C 网站的老大，构建了比较成熟的商业模式，为个人及商家提供了低成本且价廉物美的网上交易平台，并有客户服务队伍每天 24 小时监控网站上新登的物品，解答用户问题，记录用户建议，跟踪成交情况，以保证交易顺利进行，还设立了国内最大的在线交易社区，开通了校园服务器等。面对易贝（eBay）这样实力强大的竞争对手，淘宝有针对性地实施了多项具有战略意义的微创新举措，包括免费开店、即时通信软件淘宝旺旺、支付宝等，甚至当淘宝网上没有人气时，创业团队自己凑物件在网上拍卖造人气，自己买客户挂出来拍卖的物品，囤积的东西装了一屋子。最终，借助这些微创新举措和坚持不懈，淘宝网逐渐超过了易贝（eBay）。

针对战略突围性微创新，我们可以将初见成效的微创新成果分级分类，重新审视和评估这些微创新的再利用价值，验证其中是否存在可以被放大到战略层面的微小成果。如果存在，我们就应该让它从生产环节上升到企业战略层面，积极与企业进行沟通交流。这不仅仅是企业需要做的，更是我们每个基层生产员工需要做的。

（3）价值累增性微创新。

如今，中国消费者对商品品质的重视程度远远超过以往，这种品质不仅仅是指耐用性，更包括精密性、专业性和人性化的细腻程度。这样的需求特点将是对企业在价值累增性微创新实力方面的巨大考验。所谓价值累增性微创新，是指企业中员工在某些专业领域持续耕耘，不断累积知识、经验与技术，将微小的产品做到极致，形成新对手难以在短时间内突破的价值壁垒。

德国 RECARO 公司是专注于汽车座椅和航空座椅的世界顶级公司。其前身是德国的一家车身制造公司，创始人于 1963 年将公司转让给了保时捷，开始为保时捷生产汽车座椅和可躺式座椅框架。自新公司成立以来，RECARO 员工的视线一直没有离开“座椅”这个细分领域，始终将“人究竟应该采取怎样的坐姿，怎样才能正确地支撑人的身体”的理念作为发展的原点，不懈地创造着最理想的座椅产品。正是类似于 RECARO 员工这样足具工匠精神的众多一线员工的长久努力，成就了德国、日本、瑞士的高科技精密工业，成为引领世界科技进步的核心力量。

现在我们已经知道了要想在工作中实现有价值的微创新应该从哪里突破，那么接下来我们还必须懂得实现微创新的一些关键点。

第一，大道至简。现在是移动互联网时代、微时代，是一个匆匆的时代，是一个急躁的时代，用户在短暂的时间内不太可能花费长时间享受你的服务，也没有时间和耐心去了解你的成果。“懒”又是人的本性，一切产品的推出，都应该在以高效地释放微民的时间为主要思想的前提下建立。所以微创新就是把事情变得异常的简单。

第二，如何实践微创新。同互联网思维一样，微创新也是以用户思维为基础思维。微创新不是闭门造车出门不合辙，不是漫无目的的小发明、小创造，而是改善用户体验、击中用户痛点。

第三，从用户细微的需求出发。在社会上总存在很多的抱怨，市场总是存在很多的不足，操作流程复杂多变，用户总是想着多方便一点。

这些都是问题，每个出现问题的地方，都是微创新的机会。

在这个“微”时代里，我们生产一线员工的创新也要着眼于细微之处，着眼于那些曾经被忽视的细节品质。如果我们能够将产品的每一个细节都做到极致，那么我们同样也能够造就工匠级的工业生产水平。

2. 杀鸡也别吝啬牛刀

当代国人十分讲究低成本高效率，对孔子古训“割鸡焉用牛刀”推崇有加，这没有错，但如果一味地强调“割鸡焉用牛刀”，将“割鸡焉用牛刀”发挥到极致，就将适得其反了，这一点在创新领域尤其显著。

许许多多创新的奇迹其实最开始的“发源地”都是细微之处，恰恰是在细微之处做出了巨大的努力才最终实现的。其实这样的例子在现如今也并不少，许多高级知识分子和高技术人才投身看似“下九流”的行业中，最终凭借着在这些不起眼的工作中实现一个又一个创新，做出了瞩目的成绩。

当唐杰说要自己创业时，身边的朋友都在想，他肯定会开个气派的大酒楼，因为唐杰是留学瑞士的海归，学的是酒店管理，回国后又在一家五星级酒店做管理，是不折不扣的行业精英。人生的起点已经这么高了，做生意，当然起点也要高。

让人大跌眼镜的是，唐杰不但不开大酒楼，甚至连个像样的门面都没有。他做的是人人都会做的盒饭，在一个不算繁华的地段，找了间不大的房子，正式开始了创业之路。

身边的人都笑话他，想不到，一个海归，居然卖起了毫无技术含量的盒饭，几年的深造白瞎了，这活儿老头老太太、打工妹都能做，根本没有竞争力，何况现在大街小巷到处都是卖盒饭的，人家凭什么跑到偏僻的地方买你的？

面对种种质疑和嘲笑，唐杰毫不理会，他骑着电动车，一家家公司去谈判。他的卖点很独特，他告诉对方，自己是用五星级的餐饮理念在经营盒饭，保证原材料绿色放心，烹饪过程不流失营养，就连装饭的盒子也是专门借鉴日本的先进经验，不洒不漏无污染。

每个人在推销时都会宣扬自己的东西有多好，可是怎么让对方相信呢？为了增加可信度，唐杰拿出自己的学位证书，以及在五星级酒店工作的证明，一个学酒店管理专业的精英，自称自己的盒饭是五星级标准，对方当然很快就打消了疑虑。就这样，唐杰签下了一个又一个单。

事实证明，他做的盒饭确实达到了五星级标准，三个菜，色泽诱人，香味扑鼻，搭配合理，而且都是健康的烹饪方法，价格还不贵，15～25元一份。花平民的价格，享受五星级的饭菜，唐杰的盒饭很快就打开了销路。然后，他又联系一些大型展会和宴会，为他们提供外卖。

短短两年时间，唐杰的“五星级盒饭”已经打败了很多强有力的对手，遍布各个写字楼和展会，年销售额已经达到1500万元，给他带来了“五星级”的收益。下一步，唐杰打算扩大规模，真正把自己的盒饭经营成五星级的事业。

别人都说，一个海归卖盒饭是“杀鸡用牛刀”，与自己的知识太不般配，可是唐杰却有自己的理解，他认为，用牛刀杀鸡才更容易成功，在竞争激烈的商海里，只有把目标变小，才能保证自己的“牛刀”一刀命中，更快获得成功。

无论是在哪个领域，能够做到工匠级的水准，能够充分发挥创新精神，都可以做出一番事业。对于我们这些普普通通的生产一线员工来说更是如此。太大的目标在没有雄厚实力和适宜外部环境的情况下对于大部分人是难以实现的，然而如果把目标缩小，那么我们投入进去的精力和时间往往就能有更大效用，能够让创新最终得以开花结果。

沃尔玛在全球十个国家开设了超过5000家商场，员工总数160多万，分布在美国、墨西哥、波多黎各、加拿大、阿根廷、巴西、中国、韩国、德国和英国。每周光临沃尔玛的顾客近1.4亿人次。

灵活高效的物流配送使得沃尔玛在激烈的零售业竞争中技高一筹。沃尔玛可以保证商品从配送中心运到任何一家商店的时间不超过48小时，沃尔玛的分店货架平均一周可以补货两次，而其他同业商场平均两周才能补一次货；通过维持尽量少的存货，沃尔玛既节省了存贮空间又降低了库存成本。1990年的时候沃尔玛在全球有14个配送中心，发展到2001年一共建立了70个配送中心。早在20世纪70年代，沃尔玛就开始使用计算机进行管理；20世纪80年代初，他们又花费4亿美元购买了商业卫星，实现了全球联网；20世纪90年代，采用了全球领先的卫星定位系统（GPS）控制公司的物流，提高配送效率，以速度和质量赢得用户的满意度和忠诚度。沃尔玛在全球第一个实现集团内部24小时计算机物流网络化监控，使采购库存、订货、销售一体化。沃尔玛给人们留下印象最深刻的是它的一整套先进、高效的物流和供应链管理系统。沃尔玛在全球各地的配送中心、连锁店、仓储库房和货物运输车辆，以及合作伙伴（如供应商等），都被这一系统集中、有效地管理和优化，形成了一个灵活、高效的产品生产、配送和销售网络。

其实不仅仅是在平凡的岗位或是“冷门”的领域里要发挥创新精神，不拘泥于“杀鸡焉用宰牛刀”的心理，对于生产环节中的每件小事亦是如此。对于敬业者来说，工作无小事，简单不等于容易。因此，他们会花大力气做好小事情，把小事做细。在那些“杀鸡”的事情上不吝惜用“宰牛刀”，这样才能把工作做到极致，才能做到出类拔萃。

“杀鸡也用宰牛刀”，这并非是多此一举，而是饱含着工匠精神。在创新中我们不应该“嫌小”更不应该“嫌冷”，只要能够发挥创新的作用，那么就不吝惜精力与时间去做好它，也许就在不经意之间，你的创新就改变了一切。

3. 摆脱浮躁，做事不贪大

一心渴望伟大，追求伟大，伟大却了无踪影；甘于平淡，认真做好每个细节，伟大却不期而至。

在今天的社会中，有太多的人对于小事和事情的细节不屑一顾，一副“天生我才必有用”的样子，盲目地相信“天将降大任于斯人也”，整天想入非非、夸夸其谈、不切合实际地指手画脚。毛泽东主席对他们的评价是“大事做不来，小事又不做”，结果是害人害己。对一名有工匠精神的优秀创新型员工来说，决不能有这样的浮躁心理。其实对于我们每一个人，每天兢兢业业地把所在岗位的每一件事情做好、做到位，就不简单了。何谓成功，就是在平凡中做出不平凡的坚持。

经得起诱惑，耐得住寂寞，守得住孤独，方能成就一番事业。尤其是一些刚刚走上工作岗位的年轻人，实际经验和业绩没多少，却有一种初生牛犊不怕虎的气势，以为自己本领在手，天下尽在掌握中，真正做起事来却是心浮气躁，处于一种悬在空中的尴尬状态。

每个人或多或少都有一些浮躁，这似乎是一个自然的规律。然而，能否尽快学会摆脱浮躁是决定一个人能否顺利成功的关键。

许多年前，美国兴起石油开采热，有一个雄心勃勃的青年，也来到了采油区。但开始时，他的本职工作是检查石油罐盖是否自动焊接完全，以确保石油被安全地存储。每天，青年都会上百次地监视着机器的同一套动作。首先是石油罐通过输送带被移送至旋转台上，其次焊接剂自动滴下，沿着盖子回转一周，最后，油罐下线入库。他的工作就是监控这道工序，从清晨到黄昏，检查几百罐石油，每天如此。这是一个非常简单而又枯燥的工作。

青年觉得心里很不平衡：“我那么有创造性，怎么能只做这样的工作？”于是便去找主管要求换工作。没料到，主管听完他的话，只冷冷地回了一句：“你要么好好干，要么另谋出路。”

那一瞬间，他涨红了脸，真想立即辞职不干了，但考虑到一时半会儿也找不到更好的工作，于是只好忍气吞声地又回到了原来的工作岗位。

回来以后，他突然有了一个感觉：“我不是有创造性吗？为何不能就在这个平凡的岗位上做起来呢？”

工作了一段时间后，青年人在机器上百次重复的动作中注意到了一个非常有意思的细节。他发现罐子旋转一次，焊接剂一定会滴落39滴，但总会有那么一两滴没有起到作用。他突然想到：“如果能将焊接剂减少一两滴，这将会节省多少焊接剂呢？”

于是，他经过一番研究，研制出了“37滴型”焊接机，但是用这种机器焊接的石油罐存在漏油问题。但他不灰心，很快又研制出了“38滴型”焊接机。这次的发明既解决了漏油问题，同时每焊接一个石油罐盖都会为公司节省一滴焊接剂。虽然节省的只是一滴焊接剂，但“一滴”却给公司带来了每年5亿美元的新利润。

这位青年就是后来掌控美国石油业的石油大亨——约翰·戴维森·洛克菲勒。

当小事上的创新契机被明智而有远见的人发现时，一个“小”创新的价值就可以充分地体现出来。无数事实证明，很多看似无关紧要的在小事上的创新之举往往是构想惊天动地伟大创新的基础。

当然，如果想在追求创新的过程中摆脱浮躁心理，我们就必须在日常工作中调节自己的心态，把每一天岗位上的每一件小事都做好、做到位。

一是多一点思考，少一点浮躁。工作需要的是细心、耐心和沉稳，如果我们不能摆正位置，调准心态，如果我们耐不住寂寞，守不住清贫，就会心浮气躁，甚至经不起各种诱惑和考验。作为企业的一名生产一线员工，要把企业生产领域作为实现人生价值的平台来看待，如果没有这一平台，我们有再大的才能、再大的抱负，也无处发挥，无处施展。日常工作中，我们要养成勤于思考的好习惯。“事无巨细”，做任何一件事，我们都要首先在脑海中认真思考每一个细节，形成可行的实施方案，再本着“追求完美”的态度把它做好、做到位。只要我们能时刻考虑工作的方方面面，经常总结工作中的经验教训，就能开创自身工作的新局面，实现自身价值的新飞跃。

二是多一点自觉，少一点自负。每个人都或多或少地存在自负心理，有时会为一些简单琐碎的小事烦心，并没有加以重视，认为做这些事根本无法发挥自己的才能，“英雄空无用武之地”。事实上，敏锐地感知每一个细节并将其做好，并非一件易事。古人云：“一屋不扫，何以扫天下?”如果每件简单的小事不能应付自如，遇到大事只会手忙脚乱。我们要在解决小事上学会处理大事之道。工作中应树立终身学习的观念，不断充实自己的理论知识，打牢理论根基，提高理性思维的能力，提高处理复杂问题的能力。要主动学习、理解和把握领导的精神，真正融会贯通，否则在细节处理上就会走弯路、摔跟头。

三是多一点认真，少一点急躁。粗心是工作中的大忌，有时因为想尽快完成一项任务，一味地追求速度，疏忽了对细节的关注，就会“欲速则不达”。一旦因为粗心犯下错误，给同事、领导留下不好的印象，则短时间内是难以改正的。因此，对待工作一定要认真细致、兢兢业业，也只有认真投入去做了，才能发挥个人的潜在能力，发挥个人的聪明和才智。尤其对于创新工作，更应该在认真上下功夫，来不得半点马虎。对创新过程中每处细节都要细致观察，千万不能在细小环节上失误。有时仅是一点点的错误，就会给全局造成极坏的影响。不认真地追求每个细节，到头来只会事倍功半。

只有摆脱了浮躁，创新才能脚踏实地地做出实事；只有摆脱了浮躁，我们才能通过在细微处实现的创新来对全局工作产生推动作用；也只有摆脱了浮躁，我们才能在厚重的工匠精神底蕴引领下创新出属于我们自己的新时代。

4. 培养发现“决定性细节”的慧眼

俗话说：“泰山不拒细壤，故能成其高；江海不择细流，故能就其深。”三百六十行，无论做什么，细节都决定着成败。不过，光有重视细节的心还不够，很多时候我们还是无法将工作中的小事做好，无法发现那些隐藏在重要“小事”中的创新契机。因此，我们还必须让自己拥有发现“决定性细节”的眼光。

什么是“决定性细节”？就是那些看似普普通通却十分重要的事情，一件事的成败，往往都是一些小的事情影响产生的结果。细小的事情常常发挥着重大的作用，一个细节，可以使你走向你的目的地，也可以使你饱受失败的痛苦。每一件事情都是由无数个小的细节组成的，这其中有一些“小事”很重要。

“勿以恶小而为之，勿以善小而不为。”这是刘备留给他儿子的话。世上的事成败常常在于细节之中，在关键的时候会是一些“决定性细节”让你出类拔萃，也有可能让你一败涂地。

1995年，拥有233年历史的巴林银行以1英镑的象征性价格被荷兰国际集团收购。将昔日声名显赫、如日中天的巴林毁于一旦的，仅是一个未消除的错误账户。尼克·里森是巴林在新加坡公司的经理，为方便处理银行错误数据，建立了一号码为“88888”的“错误账户”。后来总部要求使用另一账户处理错误数据，“88888”账户却未被及时消除而成了尼克掩盖自己一次又一次失误的工具，将巴林一步步推向了死亡之崖。原本微不足道的一个账户，一个小小的细节，将英国历史最为悠久的银行毁灭。所谓“千里之堤，溃于蚁穴”，小小细节，被一次次忽视，便如小小浪花，一次次拍打、翻滚，终成为咆哮着的深不可测的漩涡，将一切卷入万劫不复。忽视细节，是成功之路的阻断之石。

当今中国想做大事的人很多，但愿意把小事做细的人太少，须知伟业固然令人神往，但构成伟业的却是许许多多毫不起眼的细节。只有做好每一个细节，才有可能成就伟业。我们唯有改变心浮气躁、不求甚解的毛病，脚踏实地，从小事做起，注意细节，才会成功。

为什么苹果会从树上掉下来呢？牛顿因此发现了万有引力定律。为什么水烧开了之后，水壶的盖子会跳起来呢？瓦特因此发明了蒸汽机……这些事情在我们眼中再也正常不过了，而那些科学家却能从其中发现出我们所忽略的细节。那些伟大的发明与发现，哪一个不是认真观察细节而发现的呢？

但是想要做到重视细节也并不是那么简单的，它需要你每时每刻都注意着，因为细节不会摆在你的眼前，它需要你去寻找并发现它们。所以，请记住：细节决定成败。只有抓住每一个细节，我们才会更容易实现成功的创新。

在美国华盛顿的杰斐逊纪念堂前，有一堆造型别致的石头。

但是，从一开始这堆石头就被腐蚀得厉害。在很长的一段时间里，这成了纪念堂的清洁维护部门大伤脑筋的问题。

一天，一个年轻的清洁工走进了主管领导的办公室，声称自己已经找到了解决的办法。望着领导投过来的疑惑神情，他异常平静地问道："为什么石头会腐蚀？"

"很显然，当然是因为维护人员过度频繁地清洗石头。"领导答道。

"为什么需要这样频繁的清洗？"

"废话！你没看见那些经常光临的鸽子们留下了太多的粪便！"经理激动地回答。

"那为什么有这么多的鸽子来这里？"清洁工继续问道。

"当然，这里有足够多的蜘蛛可供它们觅食。"

"蜘蛛为什么都往这里跑，而不往其他地方去呢？"

"因为……每天傍晚，这里有许多飞蛾。"领导迟疑地答道。

"很好，"这个清洁工神秘地笑笑，"那么，我们有没有想过，为什么这里会有如此众多的飞蛾呢？"

“哦，这个我倒从来没想过，应该是……是黄昏时纪念堂的灯光吧！”

领导豁然开朗，他立即命令推迟纪念堂的开灯时间。没有了灯光，飞蛾就不会光顾；飞蛾少了，蜘蛛也渐渐消失了，鸽子也就很少来了……

一个困扰了人们多年的难题，就这样被轻而易举地解决了。

只要找到了工作的“决定性细节”，在那里发挥我们的创新精神，那些困扰我们的难题往往能够轻松地解决。爱因斯坦说：“将一个问题准确地界定，就等于解决了问题的一半。不管是解决工作中的各种问题，还是发明创新，经营实业或者做更大的事业，准确地找到问题的关键点，都是解决问题的前提。”如果不能准确地界定问题，抓不住问题的关键，即使我们再努力去想要创新，也可能不得要领、收效甚微。

当然，要想让自己能够在创新工作中一下子就找到这个“决定性细节”，就需要掌握一定的方法。你可以通过问自己这样几个问题来不断缩小寻找这个关键点的范围，最终发现它。

问题一：你的目标是什么？

你的工作远期目标是什么？你近一年的工作目标是什么？你本月、本周的目标是什么？只要你自己清楚地知道自己的目标是什么，就能自我判断今天需要怎么做才能实现自己的目标。今天哪个工作细节最重要？在脑子中快速过滤一遍，你就能够发现最重要的那个细节。而当你发现某些细节总出现在你每天的工作中，并且总是能影响你的远期目标，那这个细节就是“决定性细节”。

问题二：哪件事能带来最大的回报？

手头工作比较多，而且有不少都无法确定对自己的重要程度，那么我们就要分析一下这些事情都能分别带给自己怎么样的回报，选择这些回报里面比较大的。这里所指的回报并不仅仅是物质上的，比如做这件事情能够让我们在接下来的工作中拥有更高效率，做这件事情能够让自己在将来得到更多发展机会，诸如此类回报同样十分有意义。在这些事情上发挥我们的创新精神，往往就能够给我们带来巨大的回报。

问题三：哪件事能带来长远的回报？

在工作中有一些小事可能并不能让我们一下子看到回报，但是仔细分析就会发现如果能够最终完成它，往往能给予我们巨大的好处。这些事情是需要花时间和精力实现突破的，是应该想方设法去创新的。其实做这样的事情并不会对我们的其他工作有太大的影响，一般来说这样拥有长远回报的事情通常并不需要我们立刻去在它身上实现什么改变。

问题四：这件事情是需要我们做还是我们想做的？

当我们决定去购物的时候，哪些东西是需要买的，哪些东西是我们想要的，会很好判断。但是在工作中，哪些事情是需要我们去完成的，哪些事情是我们想要去完成的可能并不容易判断。弄清楚自己的需求，才不会容易迷失方向。对于那些必须完成的工作，我们应该把它们放在首要位置，因为完成它是我们的责任，创新的终点也应该在这些事情上。而对于我们想要完成的事情也不要轻易就舍弃，尽可能在完成必须完成的事情后分配时间给它们，实在没有多余的时间才去对其中相对不那么重要的事情选择放弃。

除了要问自己以上四个问题外，我们还要学会定期清理无关紧要的事情。如果我们自己不知道什么是重要的，什么是不重要的，把我们的目标拿过来对照一下，哪些是我们当下重要的。然后把无关紧要的清理掉，清理完了之后，留下的就是最重要的。这样就避免了在每件事上都要投入精力去实现创新，避免了自己的力量被分散。

任何一次成功都离不开细节。一根铁链，最脆弱的一环决定其强度；一个木桶，最低的地方决定其容量。只有我们能够用一双慧眼发现这些"决定性细节"，并运用自己的创新思维努力做好这些细节，改进其中可能存在的不足，我们才能真正让创新在工作中发挥至关重要的作用。

5. 以"苛刻"的态度对待创新中的每个细节

全局是由许多的具体细节构成的，只有这些细节的完美才能构成全局的完美。创新也是如此，惊天动地的创新往往都是由一个个细节工作组成的，只有以苛刻的态度对待创新过程中的每个细节，把每件小事做到极致，才能实现大的突破。很多创新在后来看来，其实都是你能做、我能做、他也能做的事情，只是做出来的效果不一样，往往是一些细节上的功夫决定着创新的质量。

大事业都是由小事做起的。很多时候，失败都是因为错在小事，小事不容易被重视，所以有那么多人失败。大部分人都不容易注重细节，因为他们没有真正了解大事是由小事组成的，做小事就是在做大事。小而专注的行动，如果用对了地方，能够产生重大、持久的改善。

曾经有一位画家去拜访世界名画家门采尔，向他诉苦说："我只用一天就可以画好一幅画，可是卖掉它花了我整整一年的时间。”门采尔认真地说：“朋友，你不妨倒过来试试。用一年时间去画一幅画，处理好每一个细节，那么一天的时间你准能卖掉它。”

有三个人去一家公司应聘采购主管。他们当中一人是某知名管理学院毕业的，一人毕业于某商院，而第三人则是一家民办高校的毕业生。在很多人看来，这次应聘的结果都是很容易判断的，然而事情却恰巧相反。应聘者经过一番测试后，留下的却是那个民办高校的毕业生。

在整个应聘过程中，他们经过一次次测试后，在专业知识与经验上各有千秋，难分伯仲，随后这家公司的总经理亲自面试，他提出了这样一道问题，题目为：

假定公司派你到某工厂采购4999个信封，你需要从公司带去多少钱？

几分钟后，应试者都交了答卷。

第一名应聘者的答案是430元。总经理问：“你是怎么计算的呢？”“就当采购5000个信封计算，可能是要400元，其他杂费就30元吧！”答者对应如流，但总经理却未置可否。

第二名应聘者的答案是415元。对此他解释道：“假设5000个信封，大概需要400元左右。另外可能需用15元。”总经理对此答案同样没有发表看法。

但当总经理拿起第三个人的答卷，见上面写的答案是419.42元时，不觉有些惊异，立即问：“你能解释一下你的答案吗？”

“当然可以，”那名民办高校的毕业生自信地回答道，“信封每个8分钱，4999个是399.92元。从公司到某工厂，乘汽车来回票价10元。午餐费5元。从工厂到汽车站有一里半路，请一辆三轮车搬信封，需用3.5元。因此，最后总费用为419.42元。”

总经理不觉露出了会心一笑，收起他们的试卷，说：“好吧，今天到此为止，明天你们等通知。”

等到录用通知书的是那个民办高校的毕业生。

做大事不拘小节，是一种处事态度，创新也同样需要我们拥有这样的态度。在创新工作中，只有认真仔细，才能把创新过程中的每个细节做到尽善尽美，才能让最终创新出的成果拥有最强的实际作用。

注重细节其实是一种功夫，这种功夫是靠日积月累培养出来的。谈到日积月累，就不能不涉及习惯，因为人95%的行为是受习惯影响的，在习惯中积累功夫，培养素质。

密斯·凡·德罗是20世纪世界上最伟大的建筑师之一，在被要求用一句最简练的话来描述成功的原因时，他只说了五个字：“魔鬼在细节。”他反复强调的是，不管你的建筑设计方案如何恢弘大气，如果对细节的把握不到位，就不能称为一件好作品。有时，细节的准确、生动可以成就一件伟大的作品，细节的疏忽则会毁坏一个宏伟的规划。

看不到细节，或者不把细节当回事的人，对工作缺乏认真的态度，对事情只能是敷衍了事。这种人无法把创新工作当作一种乐趣，而只是当作一种不得不做的努力，因而在创新工作中缺乏工作热情和工匠精神，这是不可能造就什么伟大的创新的。

只有以苛刻的眼光对待创新中的每个细节，不遗余力地做好这些细节，我们才能够给我们的创新一点点积累成功的要素，最终让我们的创新从“蓝图”变成宏伟的“建筑”。

6. 别忘了“自检”

在创新过程中，可能我们已经能够做到在小事上足够精细，不过有一个方面很多人可能还是忽略了，那就是“自检”。就像我们上学的时候做完作业、完成考卷后需要检查一样，在创新的过程中也需要时刻对自己的工作状态进行“自检”。这是一个十分重要的细节，它能够让我们养成良好的习惯，把一些工作中长期存在的小毛病改掉。

要想做到全面的“自检”，我们就应该着眼于对完成工作实现创新起到最关键影响的细节，抓住这些细节的问题，把它们解决掉，保持良好的习惯，让我们在创新的过程中更加无懈可击。

（1）定了不做。

一件创新工作提上日程后，工作计划也有，就是不去做，或者以各种借口推脱。一方面可能是由于我们缺乏自信，另一方面可能是不负责任的表现。无论是哪种情况，我们都应该及时发现并调整好自己的心态，让自己立刻着手去做已经提上日程的事情。

（2）说了不动。

已经确定自己要做的事情而不去做，这说明我们本身有懈怠的心理，这种懈怠心理必须被清除出去，否则我们的创新计划将被一拖再拖。只要对自己说了今天要做的事情，就一定要完成它。

（3）动了太慢。

工作在做，就是无法在规定时间内完成。没有难度的任务能叫做任务吗？没有时间的任务能叫做任务吗？行动太慢，拖延症是要不得的。这个世界依然是快鱼吃慢鱼。有创新想法，立刻行动，早一步总比晚一步要好。除了拖延症的原因，另一方面则是个人能力问题了，可能我们本身不具备完成任务的能力，那就要重新调整创新任务的目标，让自己有能力立刻去付诸行动。

（4）不求甚解。

创新过程中出了问题而不去分析一下原因，不去追问造成问题的源头，不去总结问题的经验。不求甚解等同于不求上进，这样的心态会让我们在创新过程中无法发挥任何潜力，很容易让创新停滞不前。无论出现什么问题，我们都应该做到立刻了解它的成因，并努力寻找方法去解决或是寻求帮助。

（5）自以为是。

总是认为自己是对的，认为自己是权威，看不起别人的意见，经受不住他人批评。这种自以为是在创新中是十分忌讳的，很容易让我们刚愎自用，走上歧途。在他人提出宝贵意见时，我们需要自我反省，多从自己身上找原因，而不要总是认为他人的意见都是充满恶意的。

（6）忘记充电。

很多人惯犯的问题就是忘记了学习，或者无法坚持学习。书籍倒是买了很多，课程也下载了很多，但就是没有时间去看。其实并非是真的没有时间，只不过我们被安逸的生活和工作所奴役，不愿意离开自己的舒适区而已。但是不要忘了，“落后就要挨打”。不能让自己与时俱进，那么我们就很可能在创新的过程中遇到更多问题，拖慢自己的脚步，完全跟不上时代节奏，即便最终的创新有了成果，也变成了陈旧的东西。

（7）回避责任。

创新是有风险的，对此我们必须要正视。有时候创新会遭遇失败甚至会给我们本身的工作带来影响。此时先找借口是多数人的反应。然而是自己的责任自己就应当承担下来，没有丝毫借口。我们的借口只能说明自己没有能力胜任工作而已。这会让我们的自信心受到打击，无法正视创新中遭遇的失败。只有担负起责任，我们才能够从失败中汲取经验、磨砺意志，才能最终实现真正的创新。

（8）没有目标。

创新没有清晰的目标，那么自己当然没有完成创新工作的动力。目标是引领一个人前进的灯塔，我们要有长远目标、阶段目标，落实到个人每一天的工作中。这样我们才能让自己的创新有目的性，才能激发自己的能动性。

（9）走不出去。

闭门造车终究无法走出惯性思维的束缚，如果没有恰当的创新机制予以引导，那么一个人在一段时间内将陷入瓶颈，而很少有人注意到是这方面出了问题，任凭再怎样努力，再怎样废寝忘食，找错了路径，事倍功半，或者徒劳无功而已。我们应该在创新过程中多问问旁观者的意见，例如领导、同事。他人从客观的角度切入，有时候一下子就能帮我们分析出问题所在。

经常对自己进行以上几个方面的“自检”，这有助于我们在创新工作进行过程中不断完善自身也完善整个创新计划，调整创新的战略、战术，从而让自己无论面对什么样的局面都始终有办法去解决。

7. 计划创新细节与规划创新战略一样重要

古往今来，关于细节与全局的理解见仁见智，人们也在实践中不断探索、总结两者的关系。总的来说，主要有以下两种不同的观点。

有人认为全局比细节重要，我们应该抓大放小，侧重整体；但又有人认为细节决定成败，细节才更重要。关于两种不同观点的争论一直存在，在工作和日常生活中也困扰着好多人，成为他们追求发展的绊脚石。

其实以上两种看法并不矛盾，关键在于我们的理解。“抓大放小”和“抓细节”侧重于不同的方面，它们其实是从不同的角度阐述了全局和细节的重要性。抓大放小是从宏观层面对创新工作中全局和细节的关系做出的规划和提出的要求，而抓细节是从创新在实际执行的角度强调细节的重要性。

在更多时候，规划创新战略都能够被我们提到一个十分重要的高度上，毕竟方向不对再努力也是白费。然而创新细节其实也同样需要计划。我们既然已经能够意识到细节对于创新工作的重要性，那么它当然也需要有自己的计划，才能保证细节在具体操作的过程中不会出现纰漏。计划创新细节同时也对实现创新战略有着重要影响。

（1）只有计划好创新细节，才能让创新战略完美实行。

细节能够表现整体的完美，同样也会影响和破坏整体的完美。从细节上可以看出成功者与失败者之间究竟有多大差别。人与人之间在智力和体力上差异并不如想象中的那么大。很多小事，一个人能做，另一个人也能做，只是做出来的效果不一样，往往是一些细节上的功夫，决定着完成的质量。看不到细节或者不把细节当回事的人，对工作缺乏认真的态度，对事情只能是敷衍了事。这种人无法把工作当作一种乐趣，而只是当作一种不得不受的苦役，因而在工作中缺乏工作热情。他们只能永远做别人分配给他们做的工作，甚至即便这样也不能把事情做好。而考虑到细节、注重细节的人，不仅认真对待工作，将小事做细，而且注重在做事的细节中找到机会，从而使自己走上成功之路。

（2）只有计划好创新细节，才能让创新战略脚踏实地。

“合抱之木，生于毫末；九层之台，起于累土；千里之行，始于足下。”任何一项宏大的工程都是由一个个细小的环节组成的，任何一台大型机器都是由一个个零部件组装的，任何一部雄浑的交响乐都是由一个个音符谱成的。所以，不能踏实做好小事的人不会有大成就。计划好细节才能让整个创新战略脚踏实地，才能与实际工作相结合。

（3）细节成就全局。

在日本，有一位极其成功的女性。几年前她还是一个家庭主妇，学历并不高，但你可能想不到的是她的成功靠的是——拖鞋。在做家务时，她发现穿小一号的拖鞋由于人的受力面积减小可以增加人走路所用的力，从而帮助爱美的女性减肥。就是这么一个微小的细节使她有了“新发现”，她的“新发现”还热翻了拖鞋市场，她也从一位平凡的妇女成为富翁。可以说，她的成功完全由她发现的细节成就，她人生的美好改变就由她重视细节而完美创造。

（4）细节贯穿全局。

郎朗作为世界著名的钢琴家，音乐极其激情奔放。然而在欣赏他的演奏会时，我们会发现他更是一个注重把细节在演奏过程中贯穿的天才。在被要求再演奏一首时，他从幕后走来，并没有马上飞舞手指演奏，而是和现场观众互动，当时现场立即出现兴奋的状态。而就在这时，他开始迅速演奏，用他的钢琴声再将人们的情绪升华，而最后将乐曲改变得渐渐舒缓，让观众就如坐过山车。在他对原作品改编的节奏带领下体会到了音乐的神奇变幻和细节处理的绝妙高招。

（5）细节升华全局。

有这样一则故事：公交车司机到了交接班时间，新司机上了车将车驶出了站台，而被替换的司机在站台向公交车深深地鞠了一个无人看见的躬。尽管这个鞠躬并没有出现在众人眼下，但它是整个公交服务行业的精神与原则所在。就此一个鞠躬，它将使公交服务上升到更高的层次；就此一个细节，它将精神传递到更深境界。

可见，如果不计划细节，保证创新工作中的每个细节都完成到极致，那么即便我们拥有再优秀的战略规划，可能真走到实行这一步也会困难重重，创新的机会也就在我们缓慢的创新进程下消失殆尽了。

在做好战略规划的同时，我们的创新也需要在细节的战术层面上被计划，只有这样才是一套完整、科学的创新计划体系，才能够对我们的创新工作起到全面指导作用。

第四章

极致：创新就在那5%里

工匠们喜欢不断雕琢自己的产品，不断改善自己的工艺，享受着产品在双手中升华的过程。把品质从99%提高到99.99%，其利虽微，却长久造福于世。而在这一追求极致的过程中，往往也就孕育了创新。

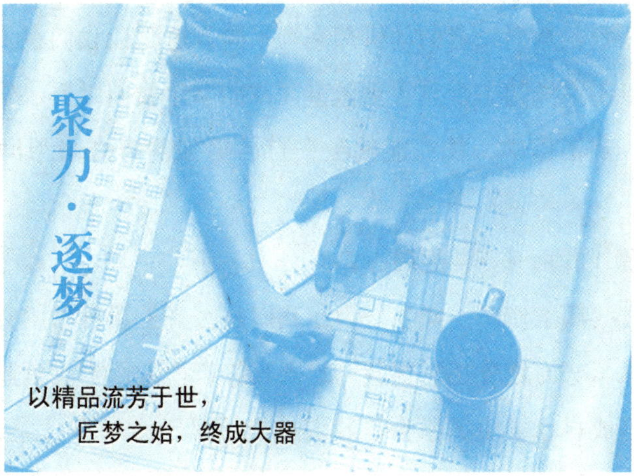

1. 你离极致只差 5%

可能我们已经将自己的创新想法和规划付诸行动，也确实在行动中投入了真正的努力，然而成功却并没有如期而至，这究竟是什么原因呢？

能够让我们成功实现创新的核心要素确实是真正脚踏实地的努力和细心以及热情，但是如果仅仅依靠它们往往只能让我们极其接近实现创新，我们还需要其他一些因素，再给自己一点点推动力，就能够真正在工作中实现创新。

（1）让自己在工作中多 5% 的主动。

"我不得不去做这些事"和"我应该主动去做这些事"在行动上并没有什么区别，然而二者的动机却完全不同，这会让我们在工作中付出努力时抱以不一样的态度。主动做事往往能够让我们以更快乐、更热情的心态投入到工作中，往往能够激发自己更强的潜力来帮助我们实现创新。

（2）做工作时多 5% 的用心。

当完成一项工作时，除了努力，我们是否真正让自己用心？所谓用心工作，除了努力之外还需要我们投入真心，把工作当成事业去做。只有把工作当成自己毕生的事业，我们才能够真正激发自己蓬勃的动力。如果我们能在每一件工作中多 5% 的用心，那么就很可能发现一些藏于细节处的创新契机。

曾有记者问NBA篮球巨星科比为什么会如此成功，科比反问记者："有没有看过洛杉矶凌晨四点的样子？"科比认真地说："我在用心打篮球，所以我比别人更能投入努力，更知道自己该在什么地方有所突破、有所改变，我知道每天洛杉矶凌晨四点的样子，满天星星，寥落的灯光，行人很少。"

科比之所以能够达到如今的成就，就是因为他在自己的工作中多投入了这5%的用心，这让他能够比别人发现更多可以改进的地方，因而获得巨大的成功。

（3）在取得成绩后多5%的谦逊。

你离极致只差5%

当我们在创新工作中，往往能够取得一些阶段性的"胜利"，获得一些让自己满意的成绩。然而这些成绩有时也会成为我们继续前进的阻碍。在取得成绩后我们难免都会出现一些骄傲自满的情绪，而此时如果能够让自己保持谦逊，既能看到自己的进步，同时也能发现创新过程中出现的问题和继续进步的空间，那么我们就能努力开阔思路，最终发现更多创新的点子。

（4）在努力的过程中多5%的思考。

不经思考的蛮干并不能让我们实现创新，创新是需要用"巧劲"的。思考对于把创新精神用到实处做好工作是至关重要的。不过，我们除了要思考该如何才能让创新更容易实现外，也应该思考自己在创新的过程中所得到的结果能否说明一些问题。比如，当我们在努力完成创新工作过后并没有达到预期的效果，就应该想想是不是因为疏漏了一些细节而导致这样的情况。多让自己做这5%的思考，往往在解决这些细节问题时我们也就在创新道路上走得更快了。

当我们已经怀以工匠精神在创新道路上努力前行，把自己的每一个创新想法都付诸行动后，让自己再多做好5%的事情，做到极致，我们将终能实现极具价值的创新。当我们已经发现实现创新就在眼前而自己却仍然离它有一步之遥时，再做好一点，5%足以让我们做到极致。

2. 真正的创新就是工匠追求极致的过程

时下，“工匠精神”一词引发社会广泛关注。有论者讲，创新讲究的是推陈出新，工匠精神推崇的是专注、传承与坚守，二者可以兼得吗？不少人对此存有疑问。

创新和匠心，其实并不矛盾。首先，“新”离不开“匠”。在很多领域，理论创新也好，技术创新也罢，往往都需要通过一种具体的产品或者活动来呈现。没有一双工匠之手，缺少一颗工匠之心、一份工匠之力，一些创新恐怕只能停留在理念层面，只能称为点子或者想法。正如有人所说，没有创新，苹果可能会像诺基亚一样沉沦，可缺了“匠心”这个“轮子”，它也跑不起来。从这个意义上来说，匠心恰恰是创新的前提和基础。

其次，“匠”能出“新”。精益求精、追求极致，是“匠心”的内涵与旨归。在很多领域，很多新的发明发现，往往是那些对一个行业持续坚守、对一种技艺不断磨炼、对一个领域扎实钻研的“匠人”创造出来的。从另一个角度看，在一种工艺上精益求精，在一个设计上力求完美，在细节追求和把控上的每一次深入，也都可以称作一种创新。同是电饭煲，同是马桶盖，虽然是同一种产品，但那些在功能、质量、可靠性、工艺水平上投入了更多精力与时间的产品，在市场竞争中往往能更胜一筹。

正所谓“器好学，心难修”。越是创新，越需要用工匠精神去精雕细刻。在“大众创业、万众创新”已成时代主题的今天，企业不创新会死，没有匠心也走不远。可以预见的是，只有兼具创新与匠心的劳动者，才有可能成为劳动价值的引领者；只有兼具创新与匠心的企业，才有可能成为引领发展的市场航标。

“齿轮王”徐强，带领班组全体同志在生产一线大胆进行技术革新，创造了国内大型齿轮加工4级精度的全国之最，被国内外同行们称为“徐强精度”，每年为企业创造价值4000多万元——极致，就是创新。

“文墨精度”的命名人方文墨，多年来自制刀、量、夹具100余把（件），改进各种刀、量、夹具200余把（件），改进工艺方法60余项，改进设备2项，研究生产窍门24项，撰写技术论文12篇，申报技术革新项目20项，并有3项国家发明专利和实用新型专利——极致，就是创新。

把一个不足两平方米的小摊位，发展为西南地区最大的LED照明灯具企业，曾最林用了不到20年时间。

1994年，曾最林从株洲工学院（今湖南工业大学）机械专业毕业。四平八稳的文职生活对于这个骨子里并不安分的年轻人来说没有什么吸引力。因为父亲是一个五金加工厂的小老板，曾最林留在自家工厂里开始“练手”：“当时每个毛孔里都透露出“激情”两个字，觉得自己还是要趁年轻出去闯闯，家里的产业始终是父辈的。”

凭着这份初生牛犊不怕虎的劲头，怀揣从父亲那里借来的4.9万元，毕业一年后，曾最林和女友踏上了开往昆明的火车。“昆明有朋友啊，而且发展得不错。”谈及为什么在昆明创业，而非东南沿海城市，曾最林的理由很简单。正是这次不经意的选择，为他今后的发展奠定了良好基础。

除了认识几个朋友，在昆明一无所有的曾最林在马家营租了一间十多平方米的民房，花2.5万元买了螺蛳湾一个不足两平方米的摊位卖五金交电，开始了创业生涯。因为没有完善的客户网络，最初几个月亏了。曾最林并没有计较，而是用心寻找机会打翻身仗。

机会总是垂青有准备的人。在代理浙江、广东几个厂家的割胶灯的两三年里，曾最林发现，传统灯具电源为铅酸电池，密闭性差且续航能力弱。“泄漏出来的溶液腐蚀衣服、皮肤不说，灯泡使用3个小时就没电了，胶工只能在山林里枯坐到天亮。”曾最林告诉记者，到1998年，这种老式割胶灯仅通过他一年就能卖掉数万盏。为了摸清胶工的具体需求，曾最林和国营农场的技术员骑摩托、顶着烈日跑遍西双版纳大大小小的橡胶林，并将市场需求反馈给生产厂家。可是，一番辛苦换来的却是“胶工太笨不会用”这句话！

“没有不合格的胶工，只有不合格的产品！”厂商的迟钝却激起了曾最林的创新欲望。利用自己的机械专业知识，曾最林在1999年开发出全新替代产品：“我们在一盏灯上做了30多处调整和升级，仅续航能力就提高到100小时。”通过农垦系统内用户的口口相传，曾最林的华尔贝割胶灯销路全面铺开，年销量顶峰期达到20多万盏，尽管价格比市场同类产品高出三四成，但不少用户宁愿等也要用他家的货。

如今回忆起赚取第一桶金的经历，曾最林感慨，墨守成规吃老本让当时不少企业眼睁睁地失去到手的市场份额。这也提醒他，紧跟市场需求，不断创新，才能在瞬息万变的商海浪潮中站稳脚跟："下海游泳，不是谁在水里泡得时间长就能获胜，拼的是技巧、耐力等综合素质。"

当国内割胶灯市场逐渐趋于饱和时，曾最林把目光投向矿灯。通过技术革新，他研发的免维护矿灯产品不仅填补了当地市场空白，还销往内蒙古、山西、宁夏等偏远地区。

"同样是将货发往内蒙古，从云南出发要历时半个月，每吨货物物流成本800~1000元；而从长沙出发仅需5天，物流成本每吨300元左右。"巨大的成本差异曾让曾最林萌生将厂子搬回湖南老家的想法。

但是国内割胶灯、矿灯等同类产品市场竞争激烈，企业要想获得长足发展，开拓国际市场是一个不错的选择。"短期看，留在昆明成本高。长远考虑，和东南亚的地缘优势更有利于企业拓展市场。"经过深思熟虑，曾最林最终还是决定留下来。

敲开东南亚市场的大门，曾最林依然靠口碑。"产品即人品！"这是他常挂在嘴边的一句话。在代理销售其他厂家的产品时，曾最林将自家灯具免费提供给客户使用。便携、耐用、易操作的巨大优势迅速为产品打开销路。如今据不完全统计，华尔贝的割胶照明灯具在泰国、越南、马来西亚等世界主要产胶区约占60%的市场份额。

曾最林正是用工匠追求极致的心，不断在产品和经营理念上实现创新，最终获得了巨大的成功。可见，匠心与创新非但不是矛盾的双方，反而是亲密的“战友”。创新在匠心中孕育而生，而匠心则因创新不断升华。

业精于勤，从生疏走向纯熟，需要的是汗水浇灌；新始自心，从纯熟迈向创新，需要的是孜孜追求。“双创”时代来临，“十三五”规划中诸如“中国制造 2025”“工业 4.0”等战略部署都为当代生产一线员工成为“大国工匠”提供了充分的政策支持和价值引导，可以说万事俱备，只欠东风——广大员工对极致技艺的不懈追求。

3. 比昨天的自己进步一点点

成功不是一蹴而就的，如果我们每天都能让自己进步一点点，哪怕只是 1% 的进步，也没有什么能阻挡得了我们不断去实现创新和进步。每天进步一点点，并不是很大的目标，也并不难实现。也许昨天的“我”也曾努力磨炼并获得可喜的成绩，但今天的“我”必须超越昨天的“我”，更加进步，更加充实，只有这样，“我”才能不断在工作中实现创新。

每天进步一点点就已经足够。在创新的道路上，每天前进一点点，就是稳健的、持续的前进过程。“不进则退”，只要是在前进，无论前进多么小的一点都无妨，但一定要比昨天前进一点点，很快我们就可以把创新从脑海里搬到现实中。

只要我们每天进步一点点，一年就进步 365 个一点点，持续这样做，人生中任何一点点差距都有可能在几年后相差十万八千里。每天一点点，是我们创新所需要的，也是我们一辈子需要做的事情。每一个人天生都是平凡的，不要幻想自己突然就能脱胎换骨，马上就能成为一个天才。要知道，从平凡到优秀再到卓越，你需要做的仅仅是每天进步一点点。

在 1985 年的美国职业篮球联赛中，洛杉矶湖人队靠着各位球员已达顶峰的球技，冠军可以说是唾手可得。但是在决赛时，却意外地输给了波士顿的凯尔特人队，这让教练派特雷利和所有的球员都极为沮丧。

派特雷利是湖人队以年薪 120 万美元聘请来的教练，他绝不会让自己和球员一直在沮丧中停滞不前。为了让球员重振信心，他告诉大家说：“从今天开始，我们可不可以罚篮进步一点点，传球进步一点点，抢断进步一点点，篮板进步一点点，远投进步一点点，每个方面都能进步一点点？”球员不假思索地答应了他的要求。在之后一年的训练中，球员始终抱着让自己“进步一点点”的精神，不断地提高自己的球技。

终于，在 1986 年美国职业篮球联赛中，湖人队不负众望，轻而易举地夺得了冠军。在获得冠军的时候，派特雷利对球员们说：“我们的成功不是偶然的，想想，我们 12 位球员一年中在 5 个技术环节方面分别进步了 1%，所以一个球员进步了 5%，全队就进步了 60%，在球技上处于巅峰的湖人队，提升了60%，甚至更高，所以我们获得出人意料的成绩是理所当然的。”

每天进步一点点，听起来好像没有冲天的气魄，没有诱人的硕果，没有轰动的声势，可细细琢磨一下，却说出了做人做事要始终如一、求真务实的道理。每天进步一点点，是从小成功到大成功的日积月累；每天进步一点点，是自信心的聚少成多；每天进步一点点，是对失败和挫折的征服；每天进步一点点，是实现真正创新的最佳路径。

4. 比企业的要求多做一点

在工作中，能够称为工匠的员工总是竭尽所能努力比别人多做一点，而普通员工总是想着无论如何也要少做一点。可能我们所做的工作并没有什么特别，我们本身也只是最平凡的一员。然而如果我们能够让自己比一般人多做一点，往往创新就在这多一点点里，我们也就能因此成为不一般的人。

“比别人多做一点”是一种坚持，也是一种执着的信念，有了这样的信念我们就有了创新精神的支柱。我们没有义务做自己职责范围以外的事，但是我们却可以选择自愿去做，来驱策自己快速前进。这是一种极其珍贵、备受看重的素养，它能使我们在工作中投入更多精力与专注，也就更容易发现创新的契机。

他出生于20世纪30年代湖南一个普通商人家庭。1949

年，他在上海受人诬陷被判刑三年。释放后他去了香港，但境况很惨。在香港露宿街头时，被误认为是小偷而遭到殴打；流浪街头时，被视为偷渡者而被关押；仅仅为好奇而观看打群架，也被误认为是同党而遭到追打。由于人生地疏，加之他英文水平有限，广东话听不懂，又没有任何背景，连连碰壁后，他才在一家公司找到一份勤杂工的工作。

那是一份薪水极低的工作，而每天要做的工作只是周而复始地扫地、清洗厕所等。这对于带着为改变人生梦想来到香港的他是一个沉重的打击。但如果连这份工作也不做的话，他只有饿肚子。每到星期天，其他勤杂工就迫不及待地跑出去逛街、游玩、放松。他也非常渴望欣赏一下当地的风景，但考虑到公司时常有人加班，他便在其他勤杂工出去的时候独自留下来打扫卫生。

虽然这只是一份“额外”的工作，但他依然一丝不苟。半年后的一个星期天，公司老板发现了他这个勤劳的勤杂工，很是惊讶。在了解到他每个周末都是如此之后，将他提升为办公室的一名员工。此后，他不断被提升。做了几年公司总经理后，他向老板提出要自己做生意，老板欣然同意，并参股他的公司。

他就是被誉为“中国最慷慨的慈善家”的余彭年。

可能我们中的大部分人也跟他一样并非含着“金钥匙”出生，在工作中也没有什么特殊的“天赋”。然而，只要我们能够让自己在每天的工作中比别人多做一点，那么同样能够拥有实现创新的资本。创新这条路上的很多奇迹其实并非机缘巧合，而是在这每天多做一点的潜移默化中迸发出来的。

当然，能够做到在工作中比别人多做一点的人其实寥寥无几，这并非一种十分容易养成的习惯，是需要通过在工作中不懈努力，不断提高自己的思想觉悟才能做到的。

（1）不要期望在8小时内的努力就能让我们成功。

很多员工都认为只需要靠工作时间内的努力就能够获得足够提升，就能有机会实现创新。其实不然。8小时内干好工作只是最基本的要求，只能说是一个合格的工作者，但远不是一名优秀的工匠，更别说能成就一番自己的事业。世界上天才很少，靠灵光一现很难让我们获得持续的创新能力，创新的关键往往是比常人多付出。有研究表明，工作中很多创新并不是在8小时之内形成的，而是在8小时之外产生的。

（2）多干活并不是“吃亏”。

扎实能干任何时候都是一种能够让我们实现创新的重要因素。阻碍我们实现创新突破的最大原因就是不肯多出一点力气。其实我们不妨这样想，如果我们有充裕的时间和精力，那么什么都不去做才是一种浪费，哪怕多做一些事情并不能让我们获得既得利益，也总比让时间和精力白白浪费好得多。如果我们消耗的是体力，第二天一觉醒来就会自然恢复；如果我们消耗的是脑力，大脑就会越用越灵。命运的天平是公平的，多干活看似吃亏，但其实是在逐步积累创新要素的砝码。

（3）任何时候都不要抱怨自己的工作，热爱是让我们多做一点的前提。

无论我们对工作采取一种什么样的态度，不容置疑的是，工作是我们生命中最重要的事情，并由此衍生关联到方方面面。要意识到我们所有的工作都是为自己做的，是我们的工作让我们的人生更有价值、更美好，让自己热爱自己的工作。大凡能实现创新的人，多是无论从事哪个岗位的工作都能够投入热爱、从不抱怨的人。如果一个人能够把本职工作当成事业来做，那么他自然就能够在工作中比别人更细心、更有耐心、更善于思考，这都是实现创新的重要前提。缺少了热爱，我们只是把工作当成养家糊口的手段，自然不愿意在工作中多做一点，更不要谈什么努力去争取创新了。

在我们的工作中多投入一点努力，多做一些自己职责之外的事情。比一般人多做一点，你就多一次提升核心能力的机会，也就多一点实现创新的资本。其实成为一名能够实现伟大创新的工匠没有什么“捷径”，就是比一般人多做一点。

5. 别把“能力有限”当作借口

我们每个人在创新的过程中都会遇到前所未有的问题和困难，创新本身就是开拓的过程，其中遇到的许多“大山”也是我们不曾逾越的。此时，有些人可能就会对自己说“我能力有限”，就此罢手，然而如果这样做，那么就永远也不可能实现工作中的创新了。

当你从一开始就对自己说“我能力有限”时，你的潜能与动力将永远无法被激发，因为你已经从心里放弃了做到某件事情或是完成某项工作的可能，自然也就不可能将创新继续下去。同时，随着这样的想法在心中蔓延，很快就会影响到内心，让自己根本不去产生创新的念头，以避免产生挫败感。

可能有些人会说：“我也尝试着努力去实现一些我一开始认为做不

到的创新工作，但事实是我真的做不到，光有‘阿Q精神’并没有用啊。”实际上这并非阿Q精神，这样的情况也并非我们对现实有着正确的判断。当我们在想创新这件事情自己做不到的时候，就已经不可能再把它做成功，这与创新本身的难度没有关系。一开始如果就在想自己完成不了某件工作，就会让思维进入一种“做不到”的模式，做任何决定和计划也都是以这件工作从一开始就不可能完成的出发点去设计，自然不可能成功完成这项工作。只有当我们能够用把事情做成功的思维模式去思考问题，才能真的做成某件事情。

因此，永远不要对自己说“我能力有限”，否则即便我们拥有实现成功的潜力，它们也不可能被激发。而如果在创新工作中不管遇到什么样的困难都对自己说“我没问题”，潜能就会被激发，脑力也将提升到极致，那些看似难以解决的问题很可能就会迎刃而解。

约翰·库提斯刚出生时，身体严重畸形，只有一个矿泉水瓶大。他生下来后，医生看着他罕见微小的样子，断定他不会活过当天。然而，令人意想不到的是，这个“矿泉水瓶”男孩却活了下来，并在父母的精心呵护和照料下一天天成长起来。如今的他，不仅让当年一再为他的生命设限的医生张口结舌，还成功地养活了自己，而且在精神方面已经变得无比强悍。更让世人称奇的是，这个至今“身高”还不到1米的演讲天才，受到过南非前总统曼德拉的接见，并且与美国前总统克林顿同台演讲过。在他不平凡的成长历程中，他的业余生活十分丰富，他不但喜欢驾车、钓鱼、看球赛，还做过残疾人游泳、跳水、橄榄球、乒乓球教练……

因为残疾和病痛，1970年出生的约翰·库提斯这些年究竟吃了多少苦，受了多少罪，他自己也说不清了。他只记得早在上小学时，因为身有残疾，被其他健康的孩子追得到处躲藏。有一次，一群孩子把他绑起来，用胶布封上嘴，把他扔进了垃圾桶里，然后点上火企图把他烧死。那时，垃圾燃烧生出的浓烟，发出的“噼里啪啦”的声音，把他吓得几近窒息，为了活命，他在垃圾桶里拼命扭动，直到把身边的火苗扑灭，就在他奄奄一息时，才被人发现并救了出来。在他17岁那年，由于下肢疾病的恶化，他不得不从腿部截肢，剩下的“身高”不足1米，从此，他成为名副其实的仅有“上半身”的矮人。然而，更让约翰·库提斯难以想到的是，悲惨的命运总是拿他开玩笑，病魔和痛苦不去光顾别人，竟然总是在他这样的高度伤残者身上挥之不去，在他29岁那年，仅剩“半个身子”的他又患上了癌症。

为了自强自立，更为了用他的拼搏精神和不甘向命运低头的意志去激励别人，约翰·库提斯在同命运和自身残疾挑战的同时，喜欢上用自己“半个身子”现身说法的演讲事业，在8年多的激情演讲中，他“走”过190个国家和地区，成为闻名世界的传奇式人物，并被誉为“世界激励大师”。而他在“走”向各个国家和地区的演讲征程中，经常会用一只胳膊支撑着“全身”，腾出另一只手推动滑轮，驱动不到1米高的躯体在地面上快速前行，头始终高昂着，神情中甚至有几分骄傲。有人对他如此“卖力”和不珍惜自己的身体有些不解时，他总是充满自信地说："我这样做的唯一原因就是为了证明自己没有不可能！"

约翰·库提斯在8年的演讲中曾不止一次地讲述他早年申请驾照时的一段"趣闻"。当时他坐在椅子上，接待他的小姐坐在柜台里，只能看见他的上半身，便问他有没有残疾。"怎么跟你形容呢？"约翰·库提斯煞有介事地说，然后猛地双手撑住柜台跳了起来："这算不算残疾？"当时吓得小姐几乎晕了过去。他在对人介绍自己时说："你们看到的我没有双腿，但我却能做很多的事情，而有的人四肢健全，却什么也做不成，整天抱怨——为什么我不能这样，不能那样。"在到一些地方演讲时，他不止一次地对听众说："现在我来到这里，就是想用自己的成长经历来激励别人——无论你现在的状况有多差，要永远相信自己能做到让未来更美好。我现在每天都很忙，在世界各国演讲，我是在激励别人也是在激励自己，别对自己说'不可能'，这是我这样一个高度残疾人永恒的信念，但愿通过我的演讲激励，它也会成为许多身体健全者的信念。"

约翰·库提斯被冠以"世界激励大师"这一称号，他以不足1米高的残躯周游世界进行励志演讲的行为堪称举世无双。更为可敬的是，他除了拥有永远激情的语言，激励别人的还有他一贯的行动。面对世界各国的观众，约翰·库提斯总给人一种"激情洋溢"的印象，他好像拥有永不枯竭的斗志，众多听过他演讲的人，常常会这样评价他。

对于大部分员工来说，没有约翰那样坎坷的经历，或许我们觉得生活中的一切都是理所当然的，或许我们觉得一切都是命中注定的，但是，我们是否想过，假使上天给了我们和约翰同样残缺的身躯，我们能否像他一样取得巨大的成功，让世人震撼？他的残疾我们可以看得到，那么我们看到自己的“残疾”了吗？

大部分人都拥有健全的身体，然而，之所以无法在创新这件事上实现成功，究其原因还是总对自己说“我能力有限”，把这当作借口，而渐渐让自己的内心变得“残疾”。一个人只有在工作中只对自己说“我没问题”时，才算是站上了创新道路的起跑线，接下来我们需要思考的才是如何跑得更快。当然，要想改变现状不再对自己说“我能力有限”，可能需要在心理上纠正一些误区，克服一些障碍。

（1）要正视职业生涯中的起起落落。

人生有起伏有高低，创新这件事上也不例外。看看那些成功实现创新的人和那些优秀工匠，他们谁没有经历过事业低谷？没有人在工作中一帆风顺，能赢的都是坚持下来的。无论是坎坷还是平坦，只要像约翰·库提斯那样高昂着头坚持走，永远告诉自己“能做得到”，就会摘取成功的果实，品尝到胜利的滋味。

（2）别再用“没天赋”作借口。

很多人之所以总是在工作中认为自己做不到某些事情，导致根本没开始创新就放弃了，根源就在于总是用“没天赋”作为借口。其实这样的想法在员工群体中并不少见，很多人都会觉得自己并不是天赋异禀的“天选之子”，理应做不到创新这样“伟大”的事情，干脆放弃调动自己的积极性。其实现实是，我们之所以做不到是因为自己完成创新工作的决心还不够，绝非因为没有天赋。大部分人在工作中信念十分薄弱，根本就没有资格去拼天赋。所以，别再用“没天赋”作借口，当我们坚定信念不懈努力到有资格去“拼天赋”时，就会发现自己的天赋原来就是努力与“没有不可能”的信念。

（3）从做好小事开始积累“做得到”的资本。

不要看不起工作中的小事情，工作本就是一件件琐碎事情的集合，坚持做好工作中每件事就是在为自己积累实现创新的资本。如果更进一步，除了做好自己的本职工作，还能将每一件工作都做到极致，像庖丁解牛，会怎样呢？结果不言而喻。《士兵突击》中有句台词：他做的每件小事就好像抓住一棵救命稻草一样，到最后你才发现，他抱住的已经是参天大树了。

别再对自己说“我能力有限”，别再认为自己只能被命运的漩涡摆布。与其如此，不如相信自己能够靠自己实现创新，相信自己能够做到任何事情。坚持这样想，我们就已经获得了实现创新的关键素质。

6. 找到自己的提升空间

一个人进入企业，就开始了自己的职业生涯。但是，每个人的职业生涯都不一样，有人顺利成长，很快提升自己的工作能力，在工匠精神的指引下开始实现在工作创新上的突破，成长为大家都认可的工匠；有人却干了一年又一年，尝试了一次又一次在不同方面去创新，结果总是不如意。到头来好多年过去了，自己依然是个普通工人。

实际上，这就是一个职业素质的问题——找到提升自己的空间。我们只有了解到自己职业素质上还有哪些方面具有提升的空间，并通过恰当的方法全方位提升自己的职业素质，才能够离实现创新更近一步。

（1）主动提高自己的工作能力。

例如，自己是普通员工，要使自己有工匠那样的创新能力，就要用工匠那样的态度、责任心去工作；实现这样的目标需要自己不断地学习，包括学习与自己工作相关的理论知识和在实践中向领导、前辈、同事学习工作经验。

①自我学习能力。

这种能力是作为员工的我们首先要具备的，生产一线工作相对开放，没有太多压力的束缚，有更多的自由时间，那么我们有必要给自己设定一个可行的学习计划，例如：在午休时阅读两本提升综合素质的相关书籍、与自己专业有关的一些书籍，了解一些自己感兴趣的书籍。

②信息处理能力。

信息处理能力是多方面的，涉及面很广，我们可以利用网络积极了解社会中的一些对自己有用的信息，比如：如果我想去一个陌生的城市，我会先利用电子地图了解一下详细的交通情况，然后在利用网络了解一下城市的三维面貌，通过这些其实对一个城市已经基本了解了，下了火车要怎么走脑子里已经有了思路。

如果想交一些与自己专业相关的朋友，我们可以通过博客查询一些人员资料，然后通过他们的日志内容、相片、自我介绍，以及相关的博友，判断这个人是否能成为我的朋友，是否对我们未来的创新工作有帮助。

通过网络，在开始创新之前就知道了有可能给自己提供宝贵意见和帮助的人，并与他们建立良好沟通关系。其实，只要想做这些都很简单。

③数字应用能力。

这种能力其实被很多员工忽视了，在参加工作之后无论是什么工作都会和数字相联系，良好的数字应用能力，能提高在面对问题时的敏感度，以及做出决定的正确率。这种能力好的表现就是思维敏捷、语言表达能力强，这是未来实现创新的基础。

④与人交流的能力。

这种能力其实我们都知道，但如何能锻炼呢？要提高这种能力我们没有必要一定要去做促销员、参加社会集体活动。往往在我们参加社交活动时由于交流能力不足反而成为他人进行交流的看客了。如果自己的交流能力很差的话，先试着表达自己，将自己的意思清楚简洁地表达给别人。如果能找个话题与对方说句话，那么我们的交流能力的大门就可以顺利地打开了。

⑤与人合作的能力。

在工作岗位中我们不可避免地要与同事共同协作完成相关的工作，创新亦是如此，这就需要我们具有与人合作的能力，这种能力需要我们积极锻炼自己的忍耐力。可以尝试积极与自己并不太合拍的同事交往。

（2）增强自己的工作责任心。

除了不断地提高自己的能力和内在素质以外，还应当有一种把企业的发展和自身的命运融为一体的奉献意识。不仅要把自己的本职工作做好，还要善于发挥团队的作用和合作意识。例如某某同事不在，而正好又有一件事需要他处理，我们就应当主动地将这件事处理一下，而不能以不是自己的事为借口让这件事耽搁在那儿。当我们怀以主人翁精神去应对这些突发情况时，往往能够激发我们的创造力，经常锻炼创造力我们才能够最终实现创新。

（3）不怕吃苦。

可以说，每一个在生产一线的员工，都会经历一段需要吃苦的过程。这里有两个方面的原因：一是公司领导会对新员工的刻苦精神做一个检验，总会安排一些苦差事来给新员工做，这既是对新员工吃苦能力的考验，又是对新员工的一个锻炼，目的就是促使我们能够尽快获得应对岗位上各种强度工作的能力，并且很快得到成长；二是因为我们此时的工作能力和经验可能都非常缺乏，因此做起工作来，自然要比别人困难得多，所以吃苦是一个必然的过程。而这时就需要我们不怕吃苦，要有经得起磨炼的精神。只有这样我们才能够在吃苦中获得能力的提升，为实现创新积攒力量。

（4）不计较眼前的得失。

许多人总是对眼前的经济利益斤斤计较，吃一点亏的事都不想干。有时工作忙起来可能需要我们加班才能完成创新过程中的某些工作，但是一想到这种班是“白加的”就打起了退堂鼓。这样的人是很难实现创新的。

（5）善于拓展工作内容。

许多人在工作中，总是像算盘珠一样，领导拨一下动一下，从来不去想想自己应当主动地去干点什么。为什么大多数人干了十年八年，依然还是普通员工，而有些人只干了两三年，就可以脱颖而出，成长为经常能够实现创新突破的工匠级员工呢？答案很简单，就是前者从不想多做点什么，并且在工作中就是机械地完成任务，不主动地去拓展自己的工作内容；后者则与之相反。下面这个“土豆的故事”就是一个非常典型的例子。

有两个名牌大学的同学同时被一家公司录用。他们两人都在用自己所学的知识努力地为公司工作。但是，三年之后，其中一位被领导提升为部门主管，而另一位依然是普通的员工。为此，没有得到晋升的这位员工心中很不服气，他觉得自己在学校的学习成绩比同学更优秀，到了公司之后，自己的工作也是非常卖力，没有理由比同学差。于是他找了个机会向公司领导说明了自己的想法。领导听了之后笑了笑，说："我理解你的心情。这样吧，你现在到市场上去给我看看有没有卖土豆的。"过了一会儿这个年轻人回来了说："有。"

领导问："多少钱一斤？"他说："我没问，那我再去问问。"

过了一会儿，他回来对领导说："五毛钱一斤。"

领导又问："市场上有几家卖土豆的？"他说："我没看，那我再去一趟。"

领导说："不用啦，你去把你的同学小张叫来。"

被晋升为主管的那位来了，领导把同样的事情吩咐给他，过了一会儿他就回来了，并对他的领导说："市场上一共有五家卖土豆的，最好的五毛钱一斤，差一些的四毛五一斤，再差一些的四毛一斤，其中有个老头说如果我们买得多，可以和我们建立长期客户关系，还可以再便宜一些。"说完，他还带了两个那个老头的土豆样品给领导做参考。等这个年轻人说完，那个心中不服气的年轻人低着头走了。

这个故事告诉我们，工作中要善于拓展自己的工作内容，尽量把工作做得尽善尽美。这就需要我们对工作有一种"事业心"，即把工作当作事业来做。当我们把工作当作自己的事业来做的时候，就不会每天被动地把工作当"任务"来完成，而是会主动地积极地把工作做得更完美、更上一个档次。在此过程中，我们自己也会不断地得到新的工作经验，经验积累得越多，我们才能最终拥有实现创新的资本。特别需要说明的是，我们的工作能力、管理经验、技术水平都会在积极主动的工作态度中产生质的改变，而且很容易做出创新。

在创新中，需要员工做到的首先是提升职业素质，其次才是提升专业技术。职业素质的高低直接决定了一个人未来工作事业方面的成就，也决定了他能否真正成为一名具有创新精神的现代工匠。其实世界上没有什么绝对的天才，每一名能够实现创新的工匠都是在不断学习、实践中提升自己的短板而成长起来的。

第五章

坚持：时间淬炼优秀工匠，见证伟大创新

创新的过程其实是一种修行，将毕生岁月奉献给一门手艺、一项事业、一种信仰，怀着工匠精神坚持行走在一条创新道路上，最终时间将会见证一切，包括伟大创新诞生时那耀眼的瞬间。

1. 不疾不徐，潜心磨炼技艺

提到工匠，很多人第一时间就会想到鲁班。而鲁班之所以能够成为工匠的“代言人”，正是由于他巧夺天工的精湛技艺。如果要问一个人他究竟是如何知晓一名工匠，又是如何感受到他身上的工匠精神的，我想绝大部分人都会说：“当然是通过他们精湛技艺所制造出的产品。”精湛的技艺是展现工匠精神最好的载体，也是一名工匠得到认可的最主要途径，是工匠最醒目的标签。

而要想真正达到精湛的技艺，可并非一朝一夕就能做到。正所谓心急吃不了热豆腐，技艺的提升除了需要我们不断投入努力，更需要长时间坚持下去。没有哪个工匠的技艺是一蹴而就的。技艺的提升多半要依靠实践中总结的经验教训，只有通过实际工作磨炼出的技艺，才真正能够帮助我们把工作做到极致、实现一个又一个创新。

“中冶集团技术能手”“中冶集团劳动模范”“全国冶金建设行业技术能手”“全国冶金建设高级技能专家”“全国青年岗位能手”“全国技术能手”“全国五一劳动奖章”“第 41 届世界技能大赛突出贡献个人”“四川省优秀共产党员”……从业 20 多年来，周树春获得的荣誉不计其数。荣誉的背后，是他在技术领域中的不断攀登，啃下的一个又一个技术“硬骨头”。

多年前，在昆钢高炉工程焊接施工中，面对作业面狭窄、焊口隐蔽、管道内空气流动性大等众多难题，其他焊工踌躇为难。关键时刻，周树春毫不犹豫，主动请缨，凭借自己积累的丰富经验和练就的高超技艺，大胆采用在管道中充氩气置换、隐蔽部位用镜子反射焊口的巧妙办法，一举攻克难关。300多道焊口，检测合格率达98%以上。焊接难题的破解，确保了工程任务优质高效地完成，而且展示了周树春独树一帜的精湛技艺。

像这样棘手的技术难题，周树春的职业生涯里攻克了一个又一个。在邯郸高炉炉体风口大套焊接过程中，因焊接坡口及工艺措施不当，接头产生严重层状撕裂。周树春根据自己的焊接实践经验，仔细分析接头产生层状撕裂的原因，运用“Z因子”控制原理结合本工程实际，编制了炉皮与风口大套现场焊接工艺，并严格按施工工艺操作，成功地解决了焊接裂纹问题，避免了风口大套的报废，挽回经济损失上千万元。而在攀枝花市白马球团工程核心部位回转窑安装中，窑体焊接直径5米，壁厚40毫米，共5道焊口。焊接工程量大，工期紧，且窑体不能转动，运用埋弧焊自动焊无法进行焊接。临危受命的周树春带领7名焊工连班作业，吃住在现场。通过探索试验，他们采用药芯焊丝二氧化碳气体保护焊进行焊接，仅用5天时间就圆满完成全部任务，焊口质量检验合格率为100%，甲方和业内专家对周树春等人的高超技能赞不绝口，连称“创造了奇迹”。

实际上，周树春的工作中这样的奇迹还有很多。在巴布亚新几内亚瑞木镍钴矿浆管道铺设工程中，面对地形复杂、高温多雨，且第一次焊接全球最大口径长输矿浆管道 X60 管线钢等难题，作为焊接负责人，周树春结合现场地质、气候条件，通过数百次的实验，精确计算出焊接电流电压、焊接速度、送丝速度、焊丝伸出长度等参数，成功创造出纤维素型焊条和药芯焊丝自保焊下向焊的 X60 管线钢焊接新工艺，将矿浆管道每道焊口的焊接时间由 3 小时缩至 40 分钟，为顺利施工提供了坚强有力的技术支撑。特别是由周树春研发的 X60 管线钢焊接工艺，不仅填补了国内该类工程焊接技术的空白，经此工艺焊接的 6000 多道焊口，经 X 射线探伤检测，合格率达 98.7%；经 12.3 兆帕水压检测，合格率达 100%。在巴新国土上蜿蜒的 66.9 千米“银色巨龙”——镍钴矿浆管道，既是周树春焊接青春的光辉写照，更是中国焊工创造奇迹的见证。

周树春的工作也许对于很多人来说十分陌生，而他的名字之所以能够家喻户晓，让每一个人都称其为优秀工匠，正是因为他在工作中长时间锻炼出的精湛技艺。对于每个在生产一线岗位上的员工来说，不疾不徐，通过长时间岗位工作让自己磨炼出精湛的技艺，我们也能够像周树春一样创造一个又一个创新奇迹。

很多人在领略到优秀工匠那超凡的技艺时，无不会用“天赋异禀”来赞叹这绝妙的手艺，然而这样的赞美实际上并不十分准确。不可否认，一些优秀工匠确实拥有着一定天赋，让他们在成为工匠的道路上起点更高、走得更快。但是拥有天赋并非成为一名优秀工匠的必

要条件，与天赋相比，日复一日对自己技艺的打磨才是让一个人拥有工匠精湛技艺的决定性因素。

一项研究显示，在任何领域取得成功的关键跟天分关系不大，只是练习的问题，而练习的时间则是 1 万个小时以上——10 年内，每周练习 20 小时，大概每天 3 小时。中国有句古话“十年磨一剑”，其道理也是如此，这就是所谓的“一万小时法则”。成功是件美妙的事，生活在这个星球上的人，没有几个会拒绝成功。但站立在金字塔顶的成功者，往往是少数人，他们之所以成为领域内的顶尖，不仅仅有天赋，更要有常人无法坚持下去的长时间磨炼。

20 世纪 90 年代初，瑞典心理学家安德斯·埃里克森在柏林音乐学院做过一项调查，学小提琴的都大约从 5 岁开始练习，起初每个人都是每周练习两三个小时，但从 8 岁起，那些最优秀的学生练习时间最长，9 岁时每周 6 小时，12 岁时每周 8 小时，14 岁时每周 16 小时，直到 20 岁时每周 30 多小时，共 1 万小时。

“一万小时法则”在成功者身上很容易得到验证。作为电脑天才，比尔·盖茨 13 岁时有机会接触到世界上最早的一批电脑终端机，开始学习计算机编程，7 年后他创建微软公司时，他已经连续练习了 7 年的程序设计，超过了 1 万小时。一万个小时的练习，能帮助一个人完成最重要的人生积累，精深练习乘以一万个小时，得到的有可能是世界级技能。

“一万小时法则”的成功代表大画家达·芬奇，当初从师学艺就是从练习画一只只鸡蛋开始的。他日复一日，年复一年，变换着不同角度、不同光线，至少也练习了一万个小时，因此打下了扎实的基本功。

田坛飞人刘翔，我们只看见他在赛场上的风驰电掣，一骑绝尘，可是为了赛场上的十多秒的辉煌，他从7岁开始苦练了19年，不知跑了几个一万小时，汗水流了几吨，经历了多少挫折和失败，才换来了“阳光总在风雨后”。

青岛港吊装大师许振超，能把吊装技术练得像绣花一样精细，丝毫不差，多次在吊装技术比赛中技压群雄，还多次打破世界港口吊装纪录。为了这“一招鲜”，他至少练了30年，苦心孤诣，练习不辍，足足有好几个一万小时。

美国游泳好手麦克·菲尔普斯，除了手脚特长的天赋异禀，他每天练习8小时，全年无休，这样持续多年，方能谛造一届奥运会一人独得8枚金牌的奇迹。

一个又一个成功者的例子向我们揭示了一个现实：“一万小时法则”的关键在于，一万小时是最底限，而且没有例外之人。没有人仅用3000小时就能达到世界级水准；7500小时也不行；一定要10000小时——10年，每天3小时——无论你是谁。

当然，要想成为一名具有创新能力的优秀工匠，我们不仅要承认一万小时法则所揭示的客观事实，并努力让自己也做到日复一日地去坚持打磨自己的技艺，还要懂得如何才能真正实现这“一万小时”的价值，如何更好利用这“一万小时”。

这首先就要求我们必须明确自己的核心技艺，并把主要的时间和精力都用于打磨这项技艺。在实际工作中，很多员工总是喜欢这儿学点本事，那儿学点知识，没有明确的目的性和方向性。在这样的情况下别说是一万小时，哪怕花费再多的时间也很难真正打磨出某一项精湛的技艺。每个人的时间和精力都是有限的，我们必须集中自己的力量，明确自己的核心技艺，将时间与精力集中利用在打磨核心技艺上。只有这样，我们才能在日复一日的打磨中真正提升自己的某一项技艺，让它达到精湛甚至极致的水平。

其次，我们还要结合自身特点和客观环境因素，不要明知不可为而为之。每个人都有各自的特点和优势，这些主观因素其实就是我们所说的“天赋”。虽说成为一名工匠关键并不是依靠天赋，但是如果能够发现自己的天赋并利用它，往往能够让我们在工匠之路上走得更加轻松。其实每个人都有着属于自己的天赋，之所以在很多时候觉得自己没有天赋，是因为我们还不能真正将自己的优势发掘出来。在努力打磨技艺之前，不妨看看自己最擅长做什么，从而选择合适的技能发展方向或磨炼技艺的方式方法，这往往能够事半功倍。

最后还要说的一点就是，“一万小时法则”并非让我们单纯地去消耗时间，而是需要在这一时间内有效率地通过磨炼提升自己的技艺。“磨洋工”并不能让技艺有实质性的提升，只会无谓浪费时间。在日复一日磨炼自己技艺的过程中，更应该注重改良方法和途径，增加磨炼技艺的效率和效果。我们可以对自己磨炼技艺的结果进行统计，每过一段时间就对技艺提升水平进行记录，如果发现提升过慢就应该从方法上去找问题，而不是“傻”练蛮干。

在任何一个人的生命里，一万小时都是一段不短的时间，在这么一段漫长的时间里坚持磨炼自己的技艺也并不是一件容易的事情。不过只要能够秉承着工匠精神坚持下来，那么在这一万小时过后，每一个员工都能够获得极大的收获，技艺得到突飞猛进的提升，让自己真正有机会亲手实现有价值的创新。

2. 经受住寂寞的考验

在以往的时代，工匠精神和创新精神其实一直都在延续和传承，它更像是一种拥有悠久历史的文化，在一代代工匠中流传。然而在现如今的企业中，创新能力的缺失已经成为一个普遍存在的问题，难道是如今员工的技术退化了？还是秉承工匠精神的创新已经不适应现代生产模式了？答案当然是否定的。

其实我们可以问问自己：为什么在古代文人墨客能够写出四大名著这样的文学巅峰之作而现代人却再难现如此之辉煌？为什么故宫老建筑几百年屹立不倒而我们利用现代科技建造的大楼寿命甚至短到 30 年？难道是古时候的创新已经能够让技术领先数千年？当然不可能。我们仔细想想就不难发现，其实这一切都是因为如今社会中存在着太多的诱惑，现代人也太不甘于寂寞。

曹雪芹在写《红楼梦》时并未曾想过通过这本书让自己名利双收；修建故宫的建筑工人也肯定没有意图用自己的建造技术来赚得盆满钵满；王羲之在提笔落墨之间同样不会想着凭借自己的书法来让自己名扬四海。正是因为古代这些各个领域的巨匠们并没有受到种种诱惑，保持着一颗纯净的工匠之心潜心耕耘在自己的领域里，最终才让自己修炼出顶级的工匠技艺，实现伟大创新，并被历史所铭记。

有人可能会说，古代的社会环境与现代并不相同，与古时候相比不足以说明问题，那么我们不妨与现代国外制造业再进行一次比较。为什么一款 iPhone（苹果手机）能卖到近10亿部？为什么义乌生产的打火机用不了一个月而美国军用打火机可以使用10年？为什么我们能在商业模式创新上遥遥领先却在生产工艺创新上被国外制造业遥遥甩开？说到底还是因为我们总是紧盯着种种利益，被各种诱惑束缚住了思想与脚步。

纵观企业员工群体，最缺的是什么？是耐得住寂寞的人。每一个人做事之前想的都是“我能从中得到什么好处”，以及“我怎么才能用最短的时间向领导交差”，鲜有人想“我的作品能流传后世吗”，于是，粗制滥造、假冒伪劣充斥在各个行业。而要想改变这一现实，员工唯有学会耐得住寂寞，经得住诱惑，才能唤醒深藏在内心的工匠精神。

古籍修复师，也被称为“为古籍续命的人”。

一般而言，所谓古籍是指1911年以前的书籍。在我们这个以持有海量的古籍而自豪的国度里，汗牛充栋的古籍由于日久年深，许多都出现了虫蛀、鼠啃、霉蚀、老化等“健康”问题。而与此相对应的是，国内古籍修复高端人才却非常紧缺。据透露：我国现存古籍约5000万册，古籍收藏单位2800多家，但2007年“中华古籍保护计划”开始实施时，国内古籍修复师却不足100人。

造成古籍修复人才“奇缺”的原因可以列举多种，但最重要的原因恐怕是这一专业“太寂寞”。古籍修复技术的传承在古代基本上是师傅带徒弟，一学好几年，即便是出师以后，古籍修复师也是“养在深闺人未识”。年轻的学徒如果没有坐冷板凳的恒心，就难以掌握这门技术。

闫静书是1981年开始参与古籍修复工作的，如今已经在浙江图书馆古籍部工作了 30 多年。当时她来到浙江图书馆的时候只有 19 岁，刚刚高中毕业。那时的古籍部只有两个人，其中一个就是她的师傅钱蟾影。一晃 30 多年过去了，古籍部的人来了走走了来，最后，只有闫静书一个人是从当年就一直干下来的“老师傅”了。

她的父亲原本就是在图书馆工作的，当时闫静书还小，也说不上喜不喜欢这个工作，但是随着对古籍修复工作的深入接触，她开始爱上了这份鲜为人知的工作。由于经常跟古籍打交道，闫静书对这些古籍一直是抱着一种珍惜和敬重的态度来对待的。无论是从外表还是内容上，都往尽善尽美的方向上去修复。虽然古籍修复工作并没有给她带来丰厚的回报，更不可能让她名声远扬，然而她却对这一默默无闻的工作有着自己的看法。闫静书觉得这是一项很重要的技艺，需要有人来传承。自己的父亲通过精湛的古籍修复技艺挽救了无数濒临损毁的古代书籍，从而让这些宝贵的文化遗产得以留存，自己理应传承父亲的衣钵，将这门技术发扬光大下去，让更多古籍免于灰飞烟灭的结局，这无关乎名声和利益。

“我觉得自己既然起了这样一个名字，可能说明我注定就是要来修书，与这些古籍一起度过这些岁月的吧。”闫静书常常与她的朋友这样说。

像闫静书这样真正能够抛开尘世喧嚣，耐得住寂寞而又经得起诱惑的人已经越来越少了。尤其在近几年，对于赚钱模式的创新在生产领域备受推崇，很多曾经勉强可以被称为工匠的人也大多抛弃了自己仅存的一点创新精神，投入了名利的怀抱。越来越多的人认为，研究如何赚钱才最直接，而潜心研究生产技艺的创新需要长期坐冷板凳，而且最后还不一定成功。然而如果每个人都这样想，那么中国制造业将永远只能走下坡路，而最终受害的也将会是我们每个员工自己。

没有任何一个企业、任何一个国家的工业生产不需要优秀工匠和创新精神，我们每个员工都应该学会在这个充满"噪声"的社会里耐得住寂寞，经得住诱惑，秉承工匠精神的核心价值观，将一腔热血投入到真正的技术创新中。

要耐得住寂寞，最好的方法就是把自己的精力完全投入到工作本身当中去，做到"两耳不闻窗外事，一心只读圣贤书"的境界。一个优秀工匠一定是一个能够屏蔽外界干扰，全身心投入到自己工作当中去的人。每个员工都应该明白这样的道理：一个人能在自己的岗位和领域里取得怎样的成绩，关键在于自己对于工作的坚持与执着，而不在于是否迎合社会大趋势和他人的观点。

要想经得住诱惑，我们就必须修正自己的价值取向，以追求自己给社会带来的价值为目标，而不是以追求财富和地位为根本。一个人的价值绝不靠他拥有的财富来衡量，而取决于他所创造的财富和获得的认可。如果我们仅仅是不断强化自己的赚钱手段，而不是让自己的技艺与产品得到更多人的赞扬，那么最终也不可能感受到自我的价值。相反，如果我们将眼光放在自己能够为他人、为企业、为社会创造出怎样的价值上，那么我们才能够变得身价不菲。

如今，我们已经重新认识到工匠所承载的创新精神的难得与可贵，越来越多的企业也开始强调培养员工的创新精神，而作为员工的我们往往也能受到感召。然而，这样的改变需要时间来成就。要想让自己真正成为一名优秀创新型工匠，我们还必须能够在自己的整个工作生涯里耐得住寂寞，经得起诱惑。

3. 模仿永远学不出真创新

通过自己对岗位工作的思考总结出创新途径和创新方法确实不是一件容易的事情，它需要我们经过深思熟虑，细心做好多方面的考量与分析。因此有些人选择了去寻找“捷径”，他们惊喜地发现原来真的有既省时又省力的方法——模仿工作中已经取得创新成功的人，照着他人的创新思路去实现自己的创新。

这个方法看起来确实是一条“捷径”，模仿既不需要我们投入思考，又不需要去做很多实现创新的前置工作。然而实际上这种方式会让我们在自己的创新道路上犯下天大的错误，让我们今后付出的所有努力都毫无意义。没有任何的创新可以复制，走别人的路只能让自己无路可走。

春秋时代，越国有一位美女名叫西施，无论举手投足，还是音容笑貌，样样都惹人喜爱。西施略用淡妆，衣着朴素，走到哪里，哪里就有很多人向她行“注目礼”，没有人不惊叹于她的美貌。

西施患有心口疼的毛病。有一天，她的病又犯了，只见她手捂胸口，双眉皱起，流露出一种娇媚柔弱的女性美。当她从乡间走过的时候，乡里人无不睁大眼睛注视。

乡下有一个丑女子，名叫东施，相貌一般，没有修养。她平时动作粗俗，说话大声大气，却一天到晚做着当美女的梦，今天穿这样的衣服，明天梳那样的发式，却仍然没有一个人说她漂亮。

这一天，她看到西施捂着胸口、皱着双眉的样子竟博得这么多人的青睐，因此回去以后，她也学着西施的样子，手捂胸口，紧皱眉头，在村里走来走去。哪知这丑女的矫揉造作使她的样子更难看了。结果，乡间的富人看见丑女的怪模样，马上把门紧紧关上；乡间的穷人看见丑女走过来，马上拉着妻子、带着孩子远远地躲开。人们见了这个怪模怪样模仿西施心口疼、在村里走来走去的丑女人，简直像见了瘟神一般。

东施效颦的故事我们每个人都知道，然而在现实中却依旧有人不停重复着这样可笑的举动。可能有些人会觉得模仿他人创新的道路让自己无路可走只是危言耸听，然而事实胜于雄辩。之所以说模仿他人无法让我们获得与他人一样的创新成功，是有充分的原因的。

首先，每个人所采用的创新途径都是基于他所处的客观环境和自己的主观因素。我们每个员工都有着各自的性格特点，我们工作时周围的客观环境影响也不尽相同。我们可以模仿他人的创新思路，但是无法模仿对方的性格和所处的环境。同样的创新选择，在不同的条件下可能带来截然相反的结果。

其次，一味模仿他人让我们不管怎样努力都摆脱不了别人的影子。

想要在工作中取得创新成果，我们就必须让自己在技艺上能够走在时代前面，做出他人无法做出的改变。如果我们希望自己的创新确实能具有价值，那么就必须让创新出的成果拥有自身的特质，用自己独特的方式走出属于自己的创新之路。

最后，模仿他人的创新之路让我们为了达到同样的结果不得不"一步学，步步学"。这就严重限制了我们发挥自身创造力和主观能动性，在现代生产中，一个丧失了独立思考和创新的人即便再努力也不可能成为一名优秀工匠。

当然，虽说我们不能一味模仿，走别人的创新道路，但是这并非不让我们去借鉴他人的经验。只是在借鉴之后我们要有能力进行自主加工，依照他人创新思路中那些值得我们学习的方法，创造属于自己的创新。

我们每个人都拥有自己的优势，只要通过不懈努力同样都能实现有价值的创新。我们可以仰望那些已经在工作中功成名就的工匠，学习他们身上优秀的品质和工作方法，但是不要去复制他们的创新，因为那是一条本不属于我们的道路，我们走不通。

4. 慢下来，让时间助你积攒力量

随着社会生活节奏的不断加快，每一个人都在不知不觉中变得愈发急躁，而这种急躁在很多时候表现在了生产一线员工的工作之中。在工作中急于求成，不惜采取投机取巧的方法；对于眼前利益过分看重，不愿为长远目标付出更多努力进行"长期投资"；渴望迅速得到成长，更注重提升自己的赚钱技巧而非创新生产技艺。这一切都造就了现如今我国生产制造领域创新人才的匮乏。

一个人要想培养出出类拔萃的技艺，要想实现工匠级的创新成果，就必须放慢急于求成而紧赶慢赶的脚步。只有拥有平静的内心，才能摆脱世俗的干扰，将更多精力投入到潜心精进技艺上；也只有放慢了脚步，我们才能把工作中的每一件事情做好、做到位，一步一个脚印地走在创新的道路上，而非为了一时的利益而误入“捷径”。放慢脚步，让时间帮自己沉淀、积累，我们很快就能获得强大的力量。

十多年前，央视《百家讲坛》让原本潜心书斋研习清史的阎崇年成为公众人物。

对历史感兴趣是从什么时候开始的？阎崇年不记得了，只知道上小学的时候第一次了解中国历史文化，就觉得有意思，还想读。

上了大学后，一有空阎崇年就往图书馆、书店跑，琳琅满目的图书滋润着求知的心田。那时，阎崇年攻读先秦史。一次，他将自己的一篇先秦史论文拿去请中国科学院的杨向奎教授指教，杨向奎看后连连叫好。但几天之后，杨向奎给当时只有20多岁的阎崇年写来一封信，希望阎崇年转攻清史。在信中，杨向奎提出先秦历史大多依靠关中的地下发掘，身在北京并没有很多资源。而在北京研究清史则有着别处无法相比的优势，紫禁城、清宫档案都集中在北京。

收到这封信后，阎崇年“闭关”思考了一个月，做出了研究清史的决定，也由此开始了他50年漫长的清史研究之路。

大部头的著作、多如牛毛的史料、常人接触不到的秘密档案、国外历史记录的整理……不就是一座座富矿吗？阎崇年一头扎了进去。海量阅读，只嫌知道得太少；惜时如命，只嫌日头太短。为了制作更便捷的图书资料检索系统，他50多岁又开始学计算机。别人说他自讨苦吃，研究历史又不能带来丰厚的收入，但他只觉得乐在其中。

寒来暑往。通过对正反材料的对比阅读和对历史细节问题的分析甄别，阎崇年获得了更为开阔的视野，而他把这些都归结于生性带来的那股子“较真”。

真正使阎崇年成为公众人物的，是在中央电视台《百家讲坛》节目热播的《清十二帝疑案》。《百家讲坛》让阎崇年出了名，但他依然冷静。过去做学问，做好做坏对别人没什么大影响，现在做学问，做好做坏影响的是观众这一大批人，甚至影响学科建设，他对自己的要求便更严格了，把研究的脚步放得更慢，但求无错。

“我上小学一年级时，老师讲桌上放着一把戒尺。我也挨过戒尺的打，左手被打得红肿。后来我心中逐渐凝聚起一把无形的戒尺：自诫自勉，唯勤唯慎。我深知，学术成果要经过三道关的检验，即现实的、历史的、国际的，而不是靠什么头衔和光环决定的。我必须让自己的心静下来，不去思考如何获得那些虚名，而是脚踏实地做好我该做的研究。”

阎崇年在他整个工作生涯里，配得上“工匠”的名号，这并不是因为他在这个领域中走得多快、多“先进”、搞创新的频率有多高，也不是他想方设法给自己戴上了种种头衔，而是由于他心如止水、一步一个脚印地默默耕耘。他用平静的心雕刻出了历史的真正面目，用走得并不快的脚步踏出了成为一名真正史学家的正途。

对于每个员工来说，心静下来，才华和潜能才能发挥出来，也才能脚踏实地实现创新。不然，一切的才华反而会束缚人的发展。现代社会的发展给了我们无穷多的好处，让我们对物质生活有了全新的体验。但是另一个方面远远不如我们的祖先，那就是不受功利心的影响保持正常速度的步伐去踏实工作、潜心研究。而要想找回那颗平常心，首先就必须在工作、生活中去做一些能够让我们“慢下来”的事情。

我们平时被种种情绪、思想和欲望所主宰，但是有些时候，我们依然能通过做一些小事来安抚自己，放慢自己的脚步：可能是在欣赏一支美好的曲子，可能是在宁静清澈的大自然流连，可能是回忆日常生活的点点滴滴快乐时光。当我们看雪花翩然飘下，或看到太阳从山后缓缓升起，或看到一束光线神秘缥缈地射进屋里，都可能让我们瞥见自己内心深处那无比宁静和美好的地方。这些光明、安详、喜悦的时刻其实都可以发生在我们每一个员工身上，只要我们花费一点点时间让自己去做这样的事即可。

而要想真正放慢自己的脚步，让自己能够脚踏实地、一步一个脚印地走在正确的工匠之路上，我们除了要拥有一颗平静的心，还要掌握成为一名优秀工匠的正确方法。在通往优秀工匠的道路上，并非走得越快越好。与其他行业相比，手艺人的技艺需要长时间的磨炼才能见成效，哪个优秀工匠的精湛技艺也不是一天练成的。把目光放长远，而不要纠结于眼前的“投入产出比”，不去追求所谓的“捷径”。一名工匠的成长就好似一棵树，只有耐心汲取各方面的养料，经过长年累月才能长成参天大树。给成功一点成长的时间，努力培养自己全方位的工作能力，厚积而薄发才能成就一番事业。

在这个无论做什么事都追求“快”的年代里，让自己静下来、慢下来，以最平和的心态迈着最稳的步子，我们才能在创新的道路上平稳前行。创新虽然是件不能等下去的事情，但是成功实现创新的关键不在于心有多急、走得有多快，心如止水、步伐稳健才能走得好、走得对。

5. 不忘初心，路程可以曲折，目标不能偏离

我们是否还记得自己刚刚走上工作岗位时在心中立下的“誓言”，通常是“我一定要成为这个岗位上最出色的员工”“我也要像工匠前辈们一样拥有最精湛的技术”这样的“豪言壮语”。然而随着时间的流逝，我们的初心仿佛也被时间带走。很多人开始追逐名利，开始为了眼前的得失斤斤计较，只想着用创新为自己的个人利益服务，最终偏离了原本的目标。

可能有些人会觉得，即便丢掉了初心依旧可以做好工作，为了个人利益去努力创新进取不是应该更有动力吗？然而实际上，如果我们创新的目标偏离了，那么即便有再强的动力也很难坚持下去，很快我们就会背离工匠之道，导致在创新中的巨大失败。

只有不忘初心，一个人才能享受工作过程中的快乐与愉悦；也只有一个人用初心指引着自己的创新道路，才能够最终步入正途，向着一名

优秀创新型工匠的目标坚定前行。大部分人其实都只是在平凡的岗位上做着再普通不过的工作，但是只要保持初心、坚持梦想，再平凡的工作里也能实现成果斐然的创新。

錾刻是我国一项有着近3000年历史的传统工艺，它使用的工具叫錾子，上面有圆形、细纹、半月形等不同形状的花纹。工匠敲击錾子，就会在金、银、铜等金属上錾刻出千变万化的浮雕图案。

就在2014年北京APEC（亚太经合组织）会议期间，古老的中国錾刻技术，给各国元首开了一个小小的玩笑，在送给他们的国礼中，有一个是金色的果盘里放了一块柔软的丝巾，看到的人都会情不自禁地伸手去抓，结果没有一个人能抓得起来，原来这块丝巾是用纯银錾刻出来的，而它就出自錾刻工艺师孟剑锋之手。

北京工美集团技工孟剑锋是国家高级技师，他和其他技工一起，在一个建于20世纪80年代的老厂房里，熔炼、掐丝、整形、錾刻。从细小的首饰、工艺摆件，到两弹一星和航天英雄的奖章，一件件精美的作品就这样在他们手里诞生了。

孟剑锋介绍，现在还愿意从事这项工作的人已经不多了。錾刻的工作辛苦、枯燥不说，随着智能机械化生产技术的发展，这项手工錾刻带来的收入也大不如前，很多这一行当的人都坚持不下去了。不过孟剑峰却相信自己一定能够坚持到底，因为錾刻工作就是他的梦想，他是在为了自己的梦想而奋斗。他说自己享受工作的过程，自己敲击不同的錾子，在金属上留下不同的花纹，并最终形成精美的图案，这一过程让他感到无比兴奋。

要錾刻一个精美的图案，第一步要开好錾子，每开一个錾子都是一次创新。孟剑锋就曾为了一把錾子反反复复琢磨了一个多月，睡着觉都会去想这些事。

让孟剑锋失眠的是北京 APEC 会议上送给外国领导人和夫人的国礼。一个像是草藤编织，有着粗糙质感的果盘，里面有一条柔软的银色丝巾，丝巾上的图案清晰自然，赏心悦目，让人不由得想去摸一下。

为了分别做出果盘的粗糙感和丝巾的光感，孟剑锋反复创新、试验，亲手制作了近 30 把錾子，最小的一把在放大镜下做了 5 天。孟剑锋介绍，窄面上有 20 多道细纹，每道细纹大约有 0.07 毫米，相当于一根头发丝那么细。

开好錾子仅仅完成了制作国礼的第一步，最难的是，在这个厚度只有 0.6 毫米的银片上，有无数条细密的经纬线相互交错，在光的折射下才形成了图案，而这需要进行上百万次的錾刻敲击。

在孟剑锋心目中，没有瑕疵，并且是纯手工，才配得上作国礼。为了做出支撑果盘的中国结，孟剑锋可谓煞费苦心。一般编中国结都是用软的东西，但用银编就很费劲，因为银会很快变硬。有技师准备用机械铸造出来再焊接到果盘上，但铸造出来的银丝上有砂眼，尽管极其微小，孟剑锋心里却怎么也过不去这道坎。

他认为，每一件手工作品有自己独特的生命力，应该在盘子上展现出中国人五千年文化技艺的传承，这是他的责任，更是他的梦想。于是他开始尝试手工编织银丝中国结，不断退火将其变软后做下去，而他的手上也起了一层又一层大泡。可他用指甲刀剪去死皮，第二天接着又干。

作品受到众人赞叹的背后，是孟剑锋二十多年对艺术的追求和潜心付出。孟剑锋回忆，当年刚入厂时，师傅曾让他练习基本功，枯燥的动作，他重复了一年。当他有些灰心时，他总是鼓励自己，这是他的梦想，为了梦想付出再多也值得。

心怀着最初的理想和初心去工作往往能够让人实现技艺层面的创新，从而大大提升自己的技艺水平，孟剑峰正是铭记初心，用梦想给现实涂抹上更绚丽的色彩，最终让他的技艺被世人所铭记和赞扬。其实对于每个人来说，能够做到如此，我们也都能在自己的工作岗位上通过创新绽放出夺目的光芒，成为一名真正的工匠。

在创新工作中努力去寻找那些能够让我们心动的东西，这一过程能让人在创新工作过程中逐步达到忘我的境界，进而迸发出巨大的潜能和动力。其实每一件创新工作都有它让人心动的地方，很多人缺少的只是发现的眼光。当我们第一次完成一件从未完成过的创新工作时，当我们又一次实现了技艺的突破时，当我们做出的产品受到赞美时……只要我们努力去寻找到这些能够让我们心动的瞬间，我们就能够在创新工作过程中越来越投入，越来越享受，并且能够始终保持初心。

除了要去发现创新工作中让我们心动的东西外，还要尽可能在创新工作中投入自己的情感，这样我们甚至能够让自己的创新工作感动他人，感动世界。有些人总是对自己的创新工作保持着一种“冷冰冰”的态度，就好像不是为了养家糊口他根本不会去创新一样，这些人往往一辈子都与成为一名工匠无缘。而当一个人将自己最真挚的情感投入到创新工作中时，他就会像对待自己最好的朋友一样去对待工作，在创新工作过程中用心与之进行“沟通”，这其实就是工匠情怀的一种体现。

而如果我们能够更进一步，在给创新工作注入情怀的同时还将自己的梦想寄托在创新工作之上，那么就可以说我们绝对能够做到在创新工作中不偏离目标，始终保持初心。当一个人将创新工作与梦想有机结合在一起时，就能够不自觉地在创新工作中保持自己最大的热情和努力，因为完成创新工作实际上就是在完成自己的梦想。而做到这一点，我们就永远不会在自己的创新道路上偏离正途，因为梦想将成为一盏明灯指引前行的方向。如果说投入情怀让我们在创新工作过程中充满感动，那么注入梦想就会让我们保持坚定的信念。

当一个人在一件事情上始终能够保持初心时，他往往能够在做事的过程中永远不偏离正确的轨道；当一个人在为自己的初心努力时，任何挫折与困难都不再是难以逾越的鸿沟。不妨试着找回我们当初的梦想，用梦想来引领自己前进的方向，我们最终将走出属于自己的创新之路。

6. 不放弃，失败就是成功的阶梯

创新本就是一件有风险的事情，有成功就有失败，而且失败往往还占据更大的比例。有些人在失败面前重新站了起来，而有些人则永远倒下了。那些接受失败并重新站起来的人往往最终踩着失败获得了成功。因为即使失败过，他们也从未停止在创新上的努力。

逃避失败，我们将永远迈不过失败的“坎”，永远在创新中半途而废。而接受失败并把它当作自己仍需努力的信号，我们才能让它成为成功实现创新的“垫脚石”，踩着失败获得成功。

提起奥斯卡，无须赘言，它是电影界的最高奖项，它是业内多少为艺术献身的电影人追求的终极梦想。然而，金酸莓奖则与之相反，用来取笑当年度最烂演员及最烂影片。

曾经获奖无数的哈莉·贝瑞在自己刚刚走入影坛演出《猫女》的那一年，就被选为金酸莓奖最烂女主角。观众批评她在此片中只知“show”身材，毫无演技可言，纯粹是一个大花瓶。

得这种奖实在不是什么光彩的事，一般影星多半会火冒三丈、退避三舍。因此大家都认为，哈莉·贝瑞八成也不会出席。没想到，哈莉竟一反常态地盛装出席领奖。当主持人宣布她的名字的时候，还假装一副不可思议地惊讶，双手抱头，当她拿到奖座时，还夸张得像得了奥斯卡金像奖般大叫：“噢，我的天呐！”惹来一阵大笑。

她仿照奥斯卡得奖者发表感言，感谢了该戏的导演、编剧和剧组员工，还开玩笑似的把莎朗·斯通拖下水，说两人的演技平分秋色，并且笑容灿烂地表示：“得到这个奖真是太刺激了，谁也不能把它从我身边抢走！”那些专门前来看她笑话的人也无不当场笑翻了。

第二天，这则新闻当然成为各报娱乐头条，她不但成功用这种“创新”式的领奖态度博得了版面，也展示了她的气度和智慧。后来，她在接受一位记者采访并回忆当年的这段“美妙经历”时说，从小她母亲就告诉她：“想赢，就要先认输。一个不肯认输的人，没有成功的权利。”

如果说努力让我们获得了走到创新大门前的资本，那么接受失败则让我们得到了打开这扇门的钥匙。不能接受失败，即便再努力，我们也只能在创新的大门外徘徊，因为我们不能通过失败了解到自己的不足，不能通过失败总结出成功实现创新所急需的宝贵经验。

当然，我们要想做到在创新过程中接受失败、直面失败，就必须拥有一颗强大的心，让我们在失败面前能够重整旗鼓，让我们在失败时能够保持自信，让我们能够在失败中学习，在失败后继续努力。

（1）学会从失败中看到自己得到的而不是失去的。

很多人之所以在失败面前选择逃避，多半是无法承受失败所造成的心理压力，而这种心理压力的产生很大程度上是我们仅仅从失败中看到自己失去了什么，而没有看到失败也给予了我们很多。失败能够让我们获取难能可贵的经验，避免重蹈覆辙；失败能够让我们发现自身的不足，从而重整旗鼓、完善自我；失败能够让我们日渐浮躁的内心重回平静，让我们知道原来自己还没有资本沾沾自喜。在一定程度上可以说，失败能给予我们的宝贵财富比成功要多得多，所以失败才是成功之母。

（2）从自责中走出来，关注自己怎样能不重蹈覆辙。

在工作和生活中，当我们面对失败时，很多人立刻就会进入自责的阶段，因为失败而责怪自己，从而背上巨大的心理包袱。而如果这个心理包袱我们无法承受，那么自然而然就会选择去逃避，这是人的本能。在经历失败时，我们应该做的是自省而非自责，要把主要的精力用来思考如何才能够避免再遭遇同样的失败，而不是沉浸在对自己的惩罚当中。惩罚自己并不能使自己进步，只能让我们害怕失败、选择逃避。只有学会从失败中寻找成功的“线索”，我们才能够直面失败，踩着失败奔向成功。

（3）树立强大的自信心，从哪跌倒从哪爬起来。

我们面对失败时之所以会选择逃避，一部分原因是我们总认为自己会被这次失败打倒，这次失败证明了我们根本没有能力获得成功。这其实就是自信心不足造成的后果。在经历失败时我们要告诉自己，我们能站起来，能够在接下来的创新工作中避免这样的失败。在哪儿跌倒从哪儿爬起来，哪怕先趴着歇一会儿，最终也要选择站起来，而不是逃跑。当通过自我激励保持了自信心后，我们就会发现失败成了我们创新路上最宝贵的财富。

在创新道路上谁又敢说自己没有失败过，接受失败，我们才能够通过失败总结经验教训，让它们成为我们实现创新的资本。在创新道路上真正的失败者只有一种——逃避失败的人。当我们又一次在创新道路上跌倒时，提醒自己：那些不能“杀死”我们的挫折只会让我们变得更强。

第六章

勤奋：想走得快就要日夜兼程

在这个“快鱼吃慢鱼”的时代，创新也要比拼速度。然而每个人的力量都是有限的，甚至有时候我们自身的力量相比于很多人是薄弱的。那么，想要实现创新，我们唯有更加勤奋，想比别人走得快就必须日夜兼程。

1. 没有一种优秀不需要勤奋

在工作中，每一分回报的背后一定有着一分付出，然而并非每次付出都能收获同等回报。当付出与得到的回报并不符合“等价交换”的原则时，又有多少人能够不去计较，依旧保持自己对工作的那份热忱与勤奋？对于大部分普通工人来说，这样的“亏本买卖”可能谁也不能坦然接受，而那一小部分能够不计付出在工作中始终埋头苦干的人最终成了“不普通的人”，成了优秀工匠。

记住：每一种优秀都需要勤奋。

有些人可能认为没有回报的付出是无意义的，如果抱有这样的想法，我们不妨问问自己：如果一滴水滋润了一寸土地，水没有获得土地的回报，它的付出就没有意义吗？如果一线阳光照亮了一分黑暗，阳光并没有得到实际的回报，它的付出就没有意义吗？如果一粒粮食哺育了一个的生命，它非但没有得到回报反而迎来了消亡，它的付出就没有意义吗？

付出的价值永远不是回报可以衡量的，对于每个在生产一线岗位上的员工亦是如此。看看那些为人歌颂的创新先驱者，想想那些被历史永远铭记的优秀工匠，他们中的哪一个不是在工作中不计较付出，始终保持埋头苦干的呢？他们被铭记并不是因为通过埋头苦干而收获了巨大的财富、尊贵的地位，而是因为他们的付出创造出了巨大的价值和宝贵的精神财富。

1985 年刚刚参加工作时，由于装卸技术落后，来到烟台港一公司装卸四队的周建军磨破了十根手指，连吃饭都夹不住筷子。母亲心疼儿子，劝他改行，可周建军觉得，如果连这点苦都受不了，以后该怎么办。走上管理岗位后，周建军曾经和其他员工一起动手研磨，经过十几次对勾子的长度、弯头角度的试验，最终研制出适用于拆包的专用工具，把拆包速度从班产量 800 余吨一下子提高到现在的 1000 余吨。凭着坚定的意志、凡事冲在前面的干劲、过硬的技术本领，周建军所在的装卸大队在 2009—2014 年间连续创造了 13 项联合公司生产纪录。

孙志辉 1997 年刚刚加入冰轮集团时，每天 8 小时，抡着 5 千克重的铁锤敲击电焊后焊缝表面的覆盖层，以露出下面的金属光泽。之后的焊条仰焊需要他蹲坐在焊缝底下，仰头进行电焊操作。在摸索创新技艺中，孙志辉不顾滚烫的铁水加上火星子顺着脖子流进后背，把后背烫出一片片水泡，晚上睡觉皮肤都会与床单粘连。孙志辉的脸上、身上、胳膊上布满了大小不一的疤点和伤口，仅一条胳膊上，就有三四十个疤点，而孙志辉却对这些泛白的疤点引以为豪。后来，不管是 2004 年为外国客商制作除霜机而初次接触紫铜管焊接合格率达 99%，还是 2006 年为上海汽车厂商焊接厚度仅有 0.4 毫米的钢板，抑或是 2007 年为公司承接的 SPX 管路组件项目承担焊接工作而保持上下偏差不超过 0.5 毫米，孙志辉都一次次圆满完成了任务。

1996年前，国内10千伏配网的检修主要是采用停电检修的方式，每次检修都会造成用户停电，给企业生产和居民生活造成困扰。要想解决这个问题，只能通过等电位带电作业进行不停电检修。而配网线路的空间狭窄，环境复杂，一旦发生意外，高压电对人体造成电击伤，伤口永不愈合，只能截肢。为了克服困难，李红新和同事们几个月吃住在实验室，即使面对1996年年底烟莱线上一次实操实验的失败和近在眼前的危险，李红新也没有退缩。终于，经过近一年时间，上千次试验，李红新攻破难关，成为全国10千伏等电位带电作业第一人。而为了不让家人担心，李红新把自己带电作业的情况向妻子隐瞒了15年。

如果我们把这些人在创新中的付出与他们的回报进行比较，那么结果一定是令人诧异的。他们并没有因为这样的付出而获得丰厚回报，仍旧在这一个个平凡的岗位上，做着平凡的工作，拿着普通人的报酬。但是他们却用自己一次次有价值的创新谱写着不普通的事迹，创造着非凡的成就，用他们不计付出、埋头苦干的精神诠释着优秀工匠的伟大品格。

当一个人总是对得失锱铢必较时，他往往很难在创新工作中产生巨大的动力，更难保持埋头苦干的精神，毕竟创新在更多时候是件“费力不讨好”的事情。在创新工作中付出与回报本就不存在“等价交换”。只有学会不计付出，一个人才能始终保持创新工作的动力，始终坚信工匠精神所秉承的信念，最终让自己在岗位上实现真正的创新，为企业、社会创造极大的价值。

要想将勤奋坚持下去，我们就必须摒弃心中的“不公平心理”。有些人之所以太过看重得失，就是因为一旦自己的付出与回报不成正比时，就会盲目地认为这是一种不公平。其实对于每一个人来说，这种事情就发生在每一天的工作过程中，这再公平不过了。认清这个现实，我们就能不再过多地去计较自己的付出是否得到同等的回报，从而不再为所谓的“不公平”而变得消极。

而要想像一名工匠那样勤奋，我们还必须坚信自己的付出是有价值的、有意义的。任何人都不会有动力去做一件毫无意义的事情，因此一个人只有相信自己的付出有价值，才能够甘愿付出而不过多计较。从员工自身来看，付出其实是一种锻炼自己的最好方法，在付出的过程中，我们的岗位知识和技能都得到了历练，经验也愈加丰富，这其实就是最好的回报；而从企业、社会的角度来看，一个人付出了就意味着他为企业、社会做出了贡献、创造了价值，而回报其实只是一定程度上对这种付出的认可，但并不能完全代表付出的价值。想明白这两点，我们就更愿意不计付出，更愿意在工作岗位上埋头苦干，从而让自己向着成为优秀工匠的目标又迈出坚实的一步。

其实在工作中没有毫无意义的付出，勤奋与收获是紧密相连的，只是有些时候我们付出所收获的东西并不是那么显而易见，但却影响深远。如果你想成为一名商人，那么请尽量学会投机取巧，而如果你想成为一名人人所赞扬的优秀工匠实现伟大创新，勤奋则是必须学会的一项特殊“技能”。

2. 超越时代的脚步，才有创新的契机

有些人可能会想，创新的风险太大了，那么不如去照猫画虎地模仿一个已经成功完成的创新案例吧，这样就不会出差错了。然而实际上，这样做你就失去了任何实现创新的机会，你永远只能在别人身后亦步亦趋。

一个有强烈个性的人，一个敢于用自己的思想去尝试新方法的人，一个坚持自我不盲目复制别人的人，在哪里都会得到别人的认同，也很容易吸引他人的注意，尤其是当他的方法行之有效的时候。开辟自己的新航程，否则你不会在世界上留下任何痕迹。那些有勇气在人群中表现自我的人才会吸引他人的目光，得到世人的尊敬，创新的大门是为这种人敞开着的。一个具有创新思想和最新方法的人，一个在工作中拥有真正属于自己的想法的人，才是有可能实现创新并享受创新所带来的好处的人。

巴菲特从1956年开始已经做了50多年股市投资，一生经历过无数次的牛市和熊市。他究竟是如何总能受到幸运女神青睐，如何总能选对正确的方向的呢？

1956—1966年这10年时间，巴菲特的投资收益是美国大盘的11倍，而这10年美国大盘的涨幅是1.26%，巴菲特的投资收益远远超过大盘。

1967—1980年，美国股市大幅度上涨，涨了40%，突破了1000点大关，交易量也是大幅度上升，日平均交易量比10年前猛涨了6倍。当时的股市非常疯狂，IBM（国际商业机器公司）收益高达39倍，雅芳高达96倍。但此时的巴菲特却非常地苦恼，因为当时股票收益率非常高，便宜的股票根本找不到。巴菲特苦苦思索了半年之后，说股市太高了，尽管明天股票都在狂涨，买哪一只股票都会赚钱，但这种方式短期是可以的，长期看肯定是会亏本的，这种方式不是他很擅长的驾驭方式。他就和他的投资合伙人说：我要解散公司，退出交易，现在的市场环境我根本无法预计，我无法以不擅长的方式来经营，我不想让之前10年创下的辉煌业绩受到损坏。所以巴菲特就把公司解散了，虽然这与大部分人的选择背道而驰，但后来事实证明，他的决策非常地正确，因为从下半年开始大盘就从1000点跌到800点，第二年大盘又继续下跌，跌幅过半。

巴菲特喜欢给大家讲一个故事：有一个炒股高手，走到天堂门口，上帝对他说："对不起，现在天堂里面分给股票和投资高手的房间已经占满了人，请你先回去吧。"这个人想了想说："上帝，我有一个请求，我能不能到天堂和我的同行们说一句话？"上帝说行呀。于是这个人就来到天堂里面股票投资高手住的院子里面大喊了一声："地狱发现牛股。"紧接着所有的投机高手纷纷飞奔而出，向地狱跑去。上帝说："还是你高明，你可以进入天堂了！"这个人摇了摇头说："他们去地狱这么久了还没有回来，说不定地狱真的有牛股呢，我也去了。"

巴菲特讲的这个故事其实道理很简单：这个人拥有能够让自己到达天堂的聪明才智，然而却由于盲目跟随他人所走的道路，最终让自己返回了地狱。可能对于我们来说，跟随他人的脚步并不会让我们“下地狱”，但是却很有可能让我们的创新成果“下地狱”。永远无法实现属于自己的创新，这不就好像身处“地狱”之中吗？

有些人认为选择了一条与众不同的创新之路是件不幸的事，他们总是害怕被别人视为异类。事实上，上帝在造物时，就绝对不会造出两件同样的物品，人也是如此。每一个人都是唯一的。但凡伟大的工匠必须具备创新性和独立性，这样才能让他们异于常人。成为一个不走寻常路的人，非但不是不幸，反而是拥有实现创新力量的体现。

要想让自己能够避免在创新过程中走入跟随他人的误区，真正找到能够让自己实现成功创新的道路，首先就必须让自己明白：选择什么样的创新道路其实没有对错之分，只要是我们自己选的就是对的。有些人之所以想要跟随他人的脚步去模仿，很大一部分原因是害怕自己做出错误的选择，从而走了弯路。实际上创新本就是一种尝试，又有什么对错之分呢？条条大路通罗马。然而如果我们盲目去跟随他人，那么我们实际上根本不能算是在进行创新，这样的创新是没有意义的，因为已经有人尝试过了。在创新这条路上，只要我们能从自己的实际工作出发，发现创新的契机，即便道路不同，同样也能够获得丰硕的创新成果。

其次，要能够区分借鉴他人的创新经验与盲目模仿之间的界限。不要盲目跟随他人的脚步并非说就不能够去学习他人成功创新的经验。然而我们必须要能够区分借鉴与模仿的区别。学习他人的经验并不是将别人成功实现创新的途径和方法生搬硬套到自己的创新过程中，而是要从这些方法中找出普遍适用的道理，然后再依照自己创新的实际情况加以改良。而如果我们在这其中并没有结合自身发挥自己的主观能动性，那么借鉴就成了盲目的模仿，其结果也一定不尽如人意。

最后，要能够发现自己的优势，发扬自己的长处，从长处来思考如何去完成创新，而不是用他人之长攻己之短。例如，你更擅长在工作中通过耐心和仔细来保证复杂工作完成的质量，那么就从这里入手，看看如何能更好地发扬你的优势在你擅长的方面进一步有所突破，而不是去与那些干活飞快、擅长处理琐事的人比速度。

19世纪末，美国教师乔治·派克因厌烦了给学生修钢笔而发明了“更好的钢笔”，并以自己的名字命名为“派克”笔。后来，他成立了派克公司，派克笔因为品质优良，迅速成为市场主流产品。

到了20世纪中叶，派克公司已发展成为跨国公司，派克笔也成为钢笔市场的王者，地位无人可以撼动。这一天，派克公司新任总经理马科利正在开会，销售部经理神色慌张地跑了进来，在他身边耳语了几句。马科利的脸一沉，马上宣布会议结束，随即赶往销售部。原来，有好几家学校发来了退货单，不仅如此，其他用户的退货单也陆续涌来。情况十分反常，马科利立刻吩咐下属调查此事。

“有竞争对手抢走了客户。”调查人员报告说。马科利大笑：“怎么可能，派克在同行业中占绝对优势，几年前还妄想跟我们竞争的企业，现在都奄奄一息了。”调查人员又说：

“是真的，来自匈牙利的贝罗兄弟免费赠送了一批产品给人试用，用过的人纷纷和他们签下了订单。”

马科利叫人买来一些贝罗兄弟发明的产品，它们叫“圆珠笔”。经过仔细研究，马科利大惊失色，他意识到：强敌来了。马科利火速召集大家开会商议对策，得出的结论是：从实用、方便、廉价三个主要方面看，派克处于全面下风。马科利下达命令，尽快对派克钢笔进行改进和完善，务必重新抢占市场。

但是，事实证明马科利的挽救计划毫无效果。派克公司的销售额急剧下滑，公司逐步被逼到濒临破产的边缘。

马科利苦思冥想，夜不能寐。派克钢笔跟圆珠笔硬拼显然是没有出路的，难道派克公司几十年的基业真的要毁于一旦吗？凌晨时分，心中烦闷不堪，他从床上爬起来给他的大学老师写信，诉说自己面临的窘境，并悲观地预言“从实用、价格等方面看，我们绝无取胜的可能”。

不久，老师给他回信，信中讲了一个故事：“我家对面有个卖器皿的商店，商品物美价廉，很受顾客追捧。没多久，周围的同行全被挤跑了。可有一天，我家隔壁又开了家商店，我问老板，你准备卖什么，他说卖器皿。我说你不是找死吗，难道你不知道对面有家狠角色。他说知道，但我卖的器皿不跟他比物美价廉，我卖的是古董。现在，这两家店相安无事，生意都很兴隆。”

看完老师的信，马科利沉思良久，突然眼前一亮。他再次召开会议，宣布了两件事：一是不跟圆珠笔比销售量，同时大幅削减了派克笔的产量；二是不比价格，同时大幅提高派克笔的销售价格。下属面面相觑，马科利笑着说：“从今天起，派克笔专门为名贵人士生产，它将成为‘笔中贵族’。”

如此一来，派克钢笔绕开了和圆珠笔的直接交锋，你走你的低端路线，我走我的高档路线，大路朝天，各走一边。在马科利的精心策划下，1960 年，派克公司获准成为英国皇室书写用具的独家供应商，派克钢笔成了伊丽莎白二世的御用笔。这件事被广为宣传，派克钢笔身价倍增，逐渐成为高贵身份的象征。此后，派克公司沿袭着高档名贵的营销路线。1962 年，派克公司采用美国首批火箭的部分材料制成特别版钢笔，只限售世界各地的重要人物。1987 年，该公司又隆重推出百年纪念笔，成为收藏家梦寐以求的珍品。就这样，派克钢笔不仅没有在圆珠笔的冲击下萎缩消亡，反而走出了属于自己的崭新道路，成为闻名世界的品牌。

谈到派克笔的绝处逢生，马科利深有感触地说：“人的生存空间是立体的，当你山重水复的时候，不要总盯住前方的绝境怨天尤人，要学会看看天上、水下。如果人类只是专注于如何在陆地上跑得更快，就不会发明飞机，而事实证明，再快的汽车也跑不过飞机。派克笔就是这样，既然我在地上跑不过你，那就飞到天上去。”

就像马科利和他的派克钢笔一样，如果我们发现自己并不能在某一种领域里完成一项创新，那么不妨换个思路去想想，在自己更适合、更擅长的方面去找到创新的机会。既然我们不可能在地上跑过其他人，那就让自己飞起来。

总是模仿别人的人是不能实现创新的，哪怕他模仿的是一个成功的先驱者。创新是不能被复制的，它本来是一种原创的力量，是一种富有个性的创造。如果一个人总是偏离自我而试图成为别人，或者试图去表现其他人而不是自己，那么他模仿的程度越大，他失败的可能性也越大。力量源自内心，倾听自己心灵的声音，走属于自己的创新道路。

在创新过程中有着“尾随”习性而看不清自己道路的人大有人在。然而在现在这样一个日新月异、飞速变化的时代，解决任何问题都不能够禁锢于前人已有的一切，而是要不停地大胆创新、与时俱进，才能适应时代变化和企业发展的需求。只有走在所有人前面，走在时代前面，我们才能实现真正的创新。

3. 早上班半小时，晚下班半小时

现如今快节奏的生活和巨大的工作压力让我们每个员工都恨不得能够多在家中休息一会儿，哪怕多在床上睡一分钟，因此越来越多的人习惯于踩着“迟到线”来到单位，顶着下班点立刻冲回家，不想浪费自己任何一点休息的时间。不过实际上这种“卡着时间点”上下班的做法却很可能让我们失去实现创新的宝贵机会。

相信每个员工在工作中都能积累到这样的经验，那就是当我们刚到达工作单位时，很难让自己立刻进入工作状态，需要一定的准备时间。如果我们占据正常的工作时间来进行自我调整，那么很可能会压缩本就不宽裕的工作时间；而如果一下班立刻就离开岗位，很可能会遗留一些收尾工作不得不第二天再占用时间去处理。这样的习惯让我们在工作中完全没有时间再去投入到创新中。

其实权衡利弊我们就不难发现，比规定工作时间早一点来到工作单位其实只需要牺牲一点点的休息时间，就能够让我们每天都挤出一点时间，用来将自己的工作做得更到位，用来对工作中的创新进行思考，这无疑是一笔超值的“买卖”。

并不需要太多时间，只要我们能够提前半小时来到单位，往往就能够让我们拥有充足的工作准备时间；晚下班半小时，就能做好收尾工作。而这能够让我们更快地投入到工作中，也能将每天的工作做到位，不遗留任何问题，大大提高工作效率，给实现创新争取更多精力和时间。

提前半小时来到单位，我们往往就能够完成角色转换的重要过程。上班工作的人都知道，在家中休息与在单位工作时所扮演的是完全不同的角色，因此在从家中到达单位后，我们就需要给角色转换留出一定时间，一般来说这个时间就是 15～30 分钟。因此，提前半小时到达单位，能够让我们在工作时间到来时已经完成角色转换，以自己在工作中的角色立刻投入到完成任务的过程中，无形中反而降低了我们的劳累程度。

提前半小时来到单位的另一个原因是能够让我们自己预留出足够的休息时间，缓解路途上造成的疲劳感。现如今交通压力的巨大相信大部分员工都深有体会。在前往单位的路途中，我们很可能要经历诸多的“洗礼”，例如挤公交车、挤地铁或是不得不步行较长的时间，这些都会给我们带来一定的疲劳感。如果我们一到单位就要立刻投入工作，这种路途上的疲劳就无法得到缓解从而被积累下来，让我们在工作中更早地感受到疲惫。而如果我们能够提前 30 分钟来到单位，虽然看似让我们少了 30 分钟在家休息的时间，但是实际上只是把这个休息时间更合理地分配到我们到达单位以后，缓解我们路途上的疲劳上，这才是更科学的做法。

而晚下班半小时，我们就可以避免在临近下班的时候心浮气躁，急于结束手头的工作导致出现纰漏，同时也能够给自己留有检查回顾一天工作的时间，这有助于我们总结自己当天在工作中的经验，有利于提升我们接下来工作的效率，为创新工作争取更多宝贵的时间。

当然，早上班半小时，晚下班半小时的习惯可能并不那么容易养成，毕竟对于每天都被繁重工作“折磨”的我们来说，在家休息的时间是如此的宝贵。不过只要我们坚持去做，并掌握恰当的方法，那么也同样能够在不耽误正常休息的情况下争取出每天这一小时的时间留给我们的创新工作。

（1）把自己睡觉的时间提前半小时。

当我们下班回到家中后，很多时候并没有及时让自己得到休息，而是在做一些其他的事情。最好的休息莫过于睡眠，因此不要让任何事情占据我们的睡眠时间。提前半小时上班并非一定要减少半小时睡眠时间，我们完全可以将睡觉的时间提前半小时。少看半小时电视，少上半小时网，上床后别再总看手机，我们很容易就能够挤出这半小时时间保证我们的睡眠。提前半小时睡觉，别去做一些无所谓的事情，我们就能够在保证休息的前提下养成早半小时上班的好习惯。

（2）可以在前一天晚上做的事情，就不要在第二天早晨做。

相比于晚上，早上的时间对于员工来说往往更加宝贵甚至说是紧迫。一般来说，我们在起床后完成内务整理和洗漱、吃饭等“例行公事”后，就必须要准备出行上班了，几乎没有多余的时间再给我们去做其他事情。如果我们总是将一些前一天晚上可以做好的事情拖到第二天早晨去做，那么我们就不得不占用睡眠的时间才能保证提前半小时上班。总结一下那些让自己在早上手忙脚乱的事情，看看哪些是能够在前一天晚上提前做好的，把这些事情放在前一天晚上去做，那么提前半小时上班就不那么难以实现了。

（3）宁可晚下班一会儿，也别把工作拖到第二天。

有工作经验的人可能都会发现这样一个规律，前一天能够半小时完成的收尾工作，如果拖到第二天可能就需要一个小时去完成。工作是需要延续性的，打断了这种延续性我们就需要投入更多时间和精力去找回之前的工作状态，还很有可能影响到第二天的工作状态，这是得不偿失的。不如每天让自己晚下班半小时，把该处理的收尾工作做好，这样我们就能在第二天保持更高效率，节约出更多时间让我们有机会去思考关于创新的问题。

比上班时间早到半小时，比下班时间晚走半小时，我们争取来的可能远不止这一小时，而经过日积月累，我们可能就拥有了足以实现宏大创新目标的时间。别再让自己成为最后一个到单位、第一个从单位离开的员工，那样的人不会能成为一名优秀的工匠，更难以实现成功的创新。

4. 治好你的“拖延症”

你工作中是否因一通三分钟便可以打完的电话犹犹豫豫、畏葸不前而导致一天心神不宁？是否因一项任务拖延到最后时刻不得已潦草完成而后悔不已？是否因这样的犹豫、那样的拖延使得原本能实现的创新最终“流产”，而自己却因鸡飞蛋打而垂头丧气？拖延让我们活在今天的焦灼、明天的等待中；拖延是一次又一次创新失败的导火索，让我们养成懒惰、散漫的习性；拖延是创新的最大“杀手”，让我们因一次次的与创新机会失之交臂而扼腕叹息。

其实有些时候我们之所以无法实现创新，并非因为工作态度不端正，也不是能力上存在不足，恰恰来自因拖延而造成的时间浪费，来自由拖延而导致的后知后觉。

在现如今的职场中，可以说很大一部分人都有着在工作中拖延的问题。拖延的表现有哪些呢？

大致可以分两类，一类是自己都没有意识到，还处在迷迷糊糊状态中的，做事情缺乏思考，没有目标，每天就是得过且过；另一类是意识到了，但是却不知道怎么去改变，有目标甚至有方法但是缺乏行动，或者在行动中总是被各种借口影响。

借口一：以后会有充裕的时间。

有些人自欺欺人地认为，以后会有充裕的时间。在我们遇到一个大问题时，这种倾向尤为明显，但在一些小事上，也偶有表现。但迟早我们会面临这些问题，而且这些工作稍后再做，比一开始就做要困难得多。

借口二：有些事情，现在看来无关紧要。

也许，我们意识到它的重要性需要很长时间，或者我们正忙于其他被我们拖延得很紧迫的事情，或者有时我们仅仅是没有着手去干。有的人这样拖延，以至于他们所能做的就是像消防队员一样，整日四处奔波，首要的任务就把火扑灭，以防死灰复燃。

借口三：没有压力就干不成事。

有些人太缺乏自觉性，除非有人在后面督促他们完成一项任务，否则他们就不会开始。当别人紧催他们的时候，他们才会行动。他们总是说："没人督促我就没压力。"但是在工作中，你不可能永远期待着领导给你压力，而且往往当他人给予你压力时，你已经因为拖延降低了不少执行力。

借口四：事情令人讨厌，难做。

有些人之所以拖延，是因为事情似乎令人讨厌，难做，或者枯燥乏味。当我们害怕做什么时，通常很容易找出一个拖延的借口。不幸的是，我们越怕完不成任务就越胆怯，而情况就会变得越糟糕。

其实无论是哪种原因，只要在工作中继续拖延，就离实现创新越来越远了，毕竟创新要求我们必须能够赶超他人的脚步甚至时代的脚步，走走停停是永远不能做到这一点的。

来自以色列和美国的两个年轻人一同搭船到异国闯天下，他们下了船后，看着海上的豪华游艇从面前缓缓而过，两人都非常羡慕。以色列人对美国人说："如果有一天我也能拥有这么一艘船，那该有多好。"美国人也点头表示同意。

吃午饭的时间到了，他们都觉得肚子有些饿了，两人四处看了看，发现有一个快餐车旁围了好多人，生意似乎不错。以色列人就对美国人说："我们不如也来做快餐的生意吧！"美国人说："嗯！这主意似乎是不错。可是你看旁边的咖啡厅生意也很好，不如再看看吧！"两人没有统一意见，于是就此各奔东西了。

握手言别后，以色列人马上选择一个不错的地点，投入所有的钱做快餐。他不断努力，经过八年的用心经营，已经拥有了很多家快餐连锁店，积累了一大笔钱财。他为自己买了一艘游艇，实现了他自己的梦想。

这一天，他驾着游艇出去游玩，发现了一个衣衫褴褛的男子从远处走了过来，那人就是当年与他一起来闯天下的美国人马克。他兴奋地问马克：“这八年你都在做些什么？”马克回答说：“八年间，我每时每刻都在想：我到底该做什么呢？”

光有远大的理想是不行的，如果迟迟不去行动，总是拖延，什么样的理想最终也只能成为空想。成功实现创新的人都有一个共性，就是：一旦确定创新目标，就绝不拖延地马上行动起来，不断拼搏，不达目标誓不罢休。

如果你希望自己从现在开始就不再拖延，让自己立刻行动起来，除了要有决心与毅力之外，在工作过程中也要掌握恰当的方法，这样才能尽快帮自己摆脱拖延的毛病，让自己的执行速度实现飞跃。

第一，目标明确合理，不要定下那些空洞的目标，大的目标可以分解成很多小目标。同时要认清自己的能力，很多事情不是一蹴而就的，需要长期的坚持。目标设立要有压力，但是完成以后还应该感觉有余力。每天进步一点点，累积下来就是很可观的。确认了目标以后，就要坚持，目标没有完成之前不要分心做别的事情，专心才能更好地做事情。

第二，提高工作效率。很多时候并不是一开始就习惯拖延的，由于没有正确的做事方法，事情进展不顺利，慢慢地变成了拖延。所以掌握正确的方法很重要，做事情之前不能光有目标和方向，同时要找到适合的方式方法，这样工作的进度能够掌控，你也会更有信心去完成。

第三，选择适合自己的工作方式，做事情要有逻辑性，不能想起一出是一出，重要的事情要留出专门的时间来处理，在日常工作安排中尽量让时间形成块状，达到高效的目的。找到适合自己的工作方式，做事情不是一开始就能摸索出最适合自己的方式的，而是要综合分析，确定好方向，收集相关信息和资料，再做出选择。俗话说得好，“磨刀不误砍柴工”。

第四，工作中要会拒绝影响效率的事情。比如做重要事情的时候最好不要去看 QQ、手机的信息。人一旦分心，工作效率就会下降，就造成了拖延。在工作中可能会遇到同事求助这样无法主观避免的事情，你也要学会巧妙地暂时拒绝对方，最好让同事知道那些时间段非紧急事情是不能打扰你的。拒绝别人是一种能力，恰到好处地拒绝别人是一个很多人都应该学会的技能。

第五，调整好心态，培养积极向上的思想。人总是会下意识地逃避困难，追求享受，拖延的产生有时是由于你本身的懒惰造成的，有时则是由于你害怕困难造成的。要改变拖延的毛病，提高执行力，自己的心态能起到很重要的作用，所以调整心态很重要。

阿莫斯·劳伦斯曾说：“形成立即行动的好习惯，才会站在时代潮流的前列，而另一些人的习惯是一直拖延，直到时代超越了他们，结果就被甩到后面去了。”创新过程其实就如同下一盘棋，我们的对手是时间，假如行动前犹豫不决或拖延，我们将痛失这盘棋。

5. 勤奋≠蛮干，提升效率是关键

“吃得苦中苦，方为人上人”是不少人的座右铭。确实，成功离不开吃苦耐劳的精神。不过如果我们仅仅认为有“老黄牛精神”的人就能获得成功或是实现创新，那只能说明我们对实现创新的成功途径有着不小的误解。能真正实现创新的人都有埋头苦干的精神，但绝不仅仅有这种精神，相比于苦干，他们往往更善于巧干。一个人只有去思考如何才能更有效率地完成工作时，才会产生创新的念头和点子。

在生产一线员工群体中，很多人存在的一大误区就是要先学会埋头苦干。其实“苦干”并不是首先应该让自己具备的“素质”，甚至可以说，在工作中一上来就开始埋头苦干，那么我们的第一步棋就走错了，满盘皆输将是一种必然。一味埋头苦干，眼睛永远只盯在“干活”上，既无法做出正确的选择，也不能在工作中发现新思路、新方法，最终的结果就是让我们完全失去创新的念头，整天就与苦干与手头的那点工作“较劲”。

可能有些人还是不愿相信，自己兢兢业业埋头苦干，难道也有“罪”吗？事实是当然有。埋头苦干“罪”在哪儿？

一宗罪：做错误的事情，越做越错。

埋头苦干的第一个误区，就是闷着头干自己的，不听取别人的意见，即使做错了也看不到问题所在，事情就会越做越错。即使有人提醒，也会闷在自己的世界里，不知悔改。这样我们的眼睛就永远不可能看到那些创新的机会，也完全不会去考虑通过创新来改变自己的工作现状，反而会认为这是一种正常状态而继续刚愎自用。

二宗罪：浪费时间在收益低的事情上，绩效低。

同样的 8 小时，因为岗位价值不一样，创造的绩效也会不一样。尽管在一个职位上已经待了很久，做的事情越来越机械化，但是因为惧怕改变的求稳心态，一些人往往不愿尝试在工作中进行创新。表面看来这样很稳定，殊不知这样也就失去了实现创新的机会。

三宗罪：并非能者多劳，而是我们不懂拒绝。

如果项目紧急需要大家一起加班，那也无可厚非；但是如果别人都能按时完成工作而我们天天瞎忙，那就得反省下，是否揽了不是自己的事？许多人不懂拒绝，总是让别人把工作丢过来，不自觉中便揽了很多不是自己的活。但是这些工作有很多既不能帮助我们提升需要提升的能力，还占用了大量本应该用来在自己工作中实现创新的精力和时间。很多时候做从别人那里“揽”来的工作只是单纯地替别人做了一把“体力活”。这样的结果就是让你将精力与时间浪费在了无意义的工作上，还耽误了自己实现创新。

有个小村庄，村里除了雨水没有任何水源，为了解决这个问题，村里的人决定对外签订一份送水合同，以便每天都能有人把水送到村子里。村子里有两个年轻人，称之为艾卖力和甄聪明，他们愿意接受这份工作，于是村里的长者把合同同时给了这两个人。

签订合同后，艾卖力立刻行动起来。他每日在十里外的湖泊和村庄之间奔波，用两只大桶从湖中打水运回村庄，倒在由村民们修建的一个结实的大蓄水池中。每天早晨他都必须起得比其他村民早，以便当村民需要用水时，蓄水池中已有足够的水供他们使用。由于起早贪黑地工作，艾卖力很快就开始挣钱了。尽管这是一项相当艰苦的工作，但是艾卖力很高兴，因为他能不断地挣钱，并且他对能够拥有两份专营合同中的一份感到满意。

甄聪明呢？自从签订合同后他就消失了，几个月来，人们一直没有看见过甄聪明。这令艾卖力兴奋不已，由于没人与他竞争，他挣到了所有的水钱。甄聪明干什么去了？他做了一份详细的商业计划书，并凭借这份计划书找到了四位投资者，和自己一起开了一家公司。六个月后，甄聪明带着一个施工队和一笔投资回到了村庄。花了整整一年的时间，甄聪明的施工队修建了一条从村庄通往湖泊的大容量的不锈钢管道。

后来，其他有类似环境的村庄也需要水。甄聪明重新制订了他的商业计划，开始向全国甚至全世界的村庄推销他的快速、大容量、低成本并且卫生的送水系统，每送出一桶水他只赚 10 分钱，但是每天他能送几十万桶水。无论他是否工作，无数的村庄每天都要消费这几十万桶水，而所有的这些钱便都流入了甄聪明的银行账户中。显然，甄聪明不但开发了使水流向村庄的管道，而且还开发了一个使钱流向自己的钱包的管道。从此，甄聪明幸福地生活着。而艾卖力在他的余生里仍拼命地工作，最终还是陷入了“永久”的财务问题中。

其实对于每个职场人来说，在创新工作中我们也应该记住：再卖力地“运水”也很难有很好的效果，相反，如果能够先思考一下该如何将工作做得更有效率，以更长远的战略眼光去实现创新，结果往往会更好。

现在我们应该明白了吧，一味苦干只能让自己在创新工作中“费力不讨好”，而学会“投机取巧”才能够真正在创新工作中实现突破，让自己不断获得锻炼，汲取新的知识与经验，从而最终得到满意的创新成果。

要想在创新工作中学会取巧，首先我们必须把找到工作方法、制订工作战略排在最重要的位置上。在创新工作一开始就集中精力先去思考最有效率的工作方法、最恰当的实现创新的策略，而不是一上来就埋头苦干把自己的精力耗光。试想，如果我们一上来就开始埋头干活，那么就不可能将关注点放在优化工作方法与策略上，很可能就会用一种效率极低的方式甚至是完全错误的策略去进行创新，结果自然是白白浪费不必要的精力。而等我们意识到这一切时，已经筋疲力尽，创新的脚步也就停滞不前了。如果我们能够从一开始就在精力最充沛的时候去完成“战略制订”，那么往往就能想出更科学、有效率的创新工作方法，在制订战略的过程中也能始终保持正确的判断。

其次，我们要明白有时选择比努力更加重要，“无脑”地去努力是无法实现创新的。每个人在创新工作中都会面临选择，不仅仅是选择自己的创新道路、创新的工作方法与策略，也同样需要选择自己要集中解决哪些问题而暂时放弃哪些问题。如果我们总是一股脑地接受所有出现在创新工作中的问题，最终只能顾此失彼，因为一些无关紧要的事情而在关键问题的处理上出现纰漏，这无疑是买椟还珠。学会做出选择，选择那些我们必须要做的重要工作，选择那些能够决定我们创新成败的“有价值”的工作，放弃暂时无法去考虑或是不需要考虑以及完全不影响整体创新工作的琐事，这能让我们省下不少精力与时间。

最后，我们要让自己尽可能地掌握更多的岗位知识，在实际工作中去尝试运用这些知识才能让我们找到创新的点，尝试实现创新。有些时候我们之所以只能守着那些“古董级”的方法，是因为自己汲取的新知识不够，把知识与岗位工作结合的能力不够。这让我们不得不选择“埋头苦干”，因为自己根本没有去“巧干”的资本。岗位知识永远是实现创新的核心力量，而将岗位知识与实际工作结合的能力则是帮助我们更好施展力量的“武器”。因此，一方面需要不断学习新知识，弥补自己在岗位知识上的缺口；另一方面，也需要发挥自己的智慧，积极地将所学的知识与你的实际工作进行结合，从而真正在创新工作中做到“取巧”。

创新工作永远不是靠“卖力气”就能做好的。别再一味埋头苦干，寻找合适的方法提升自己在创新工作中的效率和准确性，把自己的每一份力都用在该用的地方，这才能帮助我们真正实现创新。

6. 做好时间管理，抓住那些“时间碎片”

我们已经了解，一味埋头苦干并不能够让我们实现创新，也不是真正的勤奋，勤奋同样需要掌握科学的方法和技巧。说到勤奋的方法，就不得不提到对时间的利用率。

每个员工可能都会有这样的感受：就算自己把工作和生活安排得井然有序，但难免还是会有一些预计之外的“时间碎片”——在工作或者生活中，经常会出现因为某种原因使自己预定好的行动或者计划出现短暂的空白期。

由于时间段较短，看起来并不起眼，就像玻璃碎片一样，很难被利用起来，也往往被人们毫不在乎地忽略过去。事实上，时间碎片倘若一日、一月、一年地不断积累起来，其总和将是相当可观的。所以，如果我们能有效地利用“时间碎片”在我们的创新工作上，那么往往就能够更快地实现创新目标。据美国一项统计表明，能自觉地运用“时间碎片”的人只占3%～5%左右，若能成为这3%～5%中的一分子，一个人的发展很可能比周围其他人快很多。

要想将时间碎片利用起来，我们首先必须认识到时间碎片存在的几种情形，在时间碎片产生时就及时发现它，进而进行收集、整合，制定利用它的方法，为我们的创新工作服务。

时间碎片的几种情形如下。

①按照约定前去见客户，对方却表示："不好意思，有急事需要处理，请稍等十分钟。"

②因为多种原因，预定好的行动延后一小段时间开始。例如开会时，等待部分尚未到的参会人员。

③所乘坐的出行交通工具晚点或者迟到，但延迟的时间不长。例如出差候机时，飞机晚点15分钟到达。

④因突发性原因，使原有的工作计划或流程出现短时间的中断。例如正在处理邮件，办公室网络突然出现掉线情况。

⑤不起眼的时间。例如午餐后到开始下午工作之间的时间、下班前的十分钟时间。

⑥已有的短暂休息时间，例如会议期间的短暂休息期。

认识到时间碎片的"形象"是一回事，如何处理时间碎片、利用零碎时间又是一回事。利用零碎时间，有以下几点方法可供参考。

（1）填补法。

即在空白的零碎时间里加进充实的内容，主要用于处理"出其不意产生的零碎时间"。和其他原则相比较，填补法的处理方法最为简单，也较容易实现，但实施起来却要求当事人要有较强的计划性。

正因为时间碎片的散碎性，所以利用时间碎片的最佳方式，就是做些"原本就决定在零碎时间完成的事情"。在这一点上，"液晶之父"、知名物理学家雷曼做出了一个非常好的榜样，他每天都会有提前规划

“琐碎事务”清单的习惯——随身携带记事本，在每天某个固定时段，也可以是随时随地，先写下可在碎片时间处理的事情，列成一份清单。而关于液晶的原理都是在一块块琐碎的时间内思考、整理出来的。

在雷曼看来，之所以必须要写成文字的原因在于，很多事情都是“琐碎的小事”，人的大脑很难将其一一记住——相较而言，写下来的事情就不会被忘记。

对于我们而言，可以在随身的记事本（其实我们的手机就完全可以替代记事本）上写下类似当天需要打的一些“不是很重要但必须打”的电话、需要购买的小物品、“查询相关资料”的记录。

在规划“琐碎事务”清单时，需要注意的一点是，最好将琐碎事务按照 15 分钟、10 分钟及 5 分钟可完成的工作量来划分，一般来说，超出 20 分钟以上的时间段，就不再算是“时间碎片”。也许有人会问，为什么不去设计 1 分钟或者 2 分钟的事务，这是因为不论事情如何重要，只要是一两分钟内可以解决的事情，就应该马上动手做，不要让小事堆积。

15 分钟可以做完的事：草拟提案、做计划、整理名片。

10 分钟可以做完的事：拟订明天的计划、付几张账单、发快递、阅读一篇文章或者资料、发送或是回复邮件。

5 分钟可以做完的事：写采购列表、打电话、清架子、清理办公桌面的档案、放松伸展身体。

当你把零碎清单填满后，你就会发现自己面对突然冒出来的碎片时间，不至于茫然无措。比如会议推迟 15 分钟开始，你就可以先填写几份需要发送的快递；在商业约会推迟时，可以去购买一些书籍。

（2）合并法。

即化零为整，通过调整不同事情的安排将可能会出现的多个时间碎片，集成为一段较长的时间段。

该方法有些类似于计算机硬盘存储空间管理的方法，通过移动、合并硬盘上不同区域文件，使空闲的小空间集中在一起形成一个大的存储空间。和填补法相比，合并法更适合于对某个时间段或是时间窗口内（比如一天之内）的连续性几项工作。

对于时间窗口内的工作流程，我们首先要对其可能产生时间碎片的环节做出一个基本预估，并根据具体情况对窗口内的工作内容进行统筹安排，尽量减少碎片的产生。举一个简单的例子，某经理人需要在一天之内拜访两个客户，并和下属开一次工作会议。最好的选择显然是先在公司开完会议，然后外出连贯地拜访客户。在拜访客户的过程中，很容易因各种因素（例如堵车、对方时间有小幅调整）产生时间碎片，积累之后，会影响下一步的工作安排。

与此同时，对工作内容的连续性和相关性也要做出适当的预估，减少当事人在不同状态中的频繁切换。相关的研究资料表明，从一种状态转换至另外一种状态的过程中，或是由某种活动转为另一种活动时，或多或少都会产生一小段时间的空白地带。举例来说，在电脑前处理邮件之后，最好进行一些在网上查找资料的工作，然后再去做类似开会、打电话或者外出等不需要在电脑前处理的事宜。

有一点需要说明的是，即使通过合并法减少了时间碎片，但在完成事务的过程中，由于事物的不确定性，并不能完全避免“某件事情完成过程中产生时间碎片”，面对这样的问题，就充分发挥填补法的作用。

（3）并行法。

在一段时间内根据时间碎片出现的状况，同时穿插做两件事。比如和客户通过电话讨论事情，需要频繁地进行往复沟通，在几段等待对方回复电话的时间里，就抽空可以去写几页下午开会可能要用到的 PPT

（演示文稿）。

不过与前两种方法相比，并行法对个人的逻辑能力要求比较高，对流程的统筹能力要求也比较高，在合并法中，我们也说过最好减少状态转换的过程，如果你认为并行法实施起来对自己有难度，还是尽量先做好一件事情。否则不仅时间碎片没有得到利用，反而会产生更多的“碎片”。

当我们能够利用工作中出现的时间碎片来完成一些琐碎事宜后，我们就会发现自己节约出了大量的时间，时间利用率达到了空前高度，这让我们有更多的机会去思考创新并努力实现它。

7. 培养自觉性，勤奋不需要监督

说了这么多，我们现在肯定已经意识到了勤奋努力对成功实现创新有着至关重要的作用。然而人不是生来就有着极强的自制力与自觉性，有时，在没有受到他人监督和规则规范的情况下，难免就会“大松心”，从而无法让自己端正态度，保持勤奋。

在工作中，我们不可能时时刻刻都受到外界的监督，规章制度的制约在无人监督的情况下往往也十分脆弱。此时就需要通过保持自我监督，并在自我监督的基础上建立奖惩机制，从而强化让自己保持勤奋的想法和行为。

自我监督听起来好像是一件很难做到的事情，如果仅凭自觉性对于很多人来说确实不易。然而，如果掌握了恰当的自我监督方法，并通过奖励与惩罚的方式来让自己形成固有观念，那么即便我们曾经自控力薄弱，也能够对保持勤奋起到很好的作用。

要想建立有效的自我监督奖惩机制，就必须明白这套机制的运作原理。这实际上是一套基于心理学理论的激励策略。奖励是一种正强化，会鼓励我们的某些想法与行为；惩罚则是一种负强化，用于给自己不良的体验从而放弃懈怠的行为和想法。

首先，我们要对自己日常工作中出现的各种态度与行为进行分类，按影响执行力的结果分为正确与错误两个类别。如果我们在某种心态下做出了某些行为，最终让自己在工作中更加勤奋，那么它就属于应该受到奖励的范畴；相反，如果某些心态与行为让我们开始产生懈怠，那么它就应该被归类到惩罚的范畴。

其次，我们要确定恰当的奖励与惩罚措施。奖励的措施应该是能够让自己真正获得愉快体验的，例如我们喜欢美食，那么当我们产生有利于保持勤奋状态的心态与行为之后就奖励自己一顿大餐。同样，惩罚的措施应该是我们十分厌恶的某些刺激，例如我们害怕疼痛，那么每当自己产生懈怠和懒散的工作态度与行为时，就用橡皮筋狠狠弹自己的手背一下。

最后，奖励与惩罚措施的强度要适当。最开始可以用较弱的刺激，这样当同样的刺激作用下降时，我们就可以通过增强刺激程度来达到奖惩的最终目的。如果我们一开始就设置过大的强度，那么就很可能在当前强度的刺激失效后，由于无法做出更有力的奖惩刺激，导致整个机制无法进行下去。

需要注意的一点是，这种自我监督奖惩机制在开始时可能效果并不明显，不要因此而放弃。奖惩机制最重要的就是通过正负强化来让我们养成一种习惯，从而让自己在工作中能够总是去产生对保持勤奋有积极影响的态度与行为，因此坚持是至关重要的。只要持续坚持下去，那么这种机制的影响力就会越来越大，最终产生质变，让我们形成习惯，从而让我们能够时时自觉地保持勤奋状态。

任何时候一个人要想保持在工作中的勤奋，监督都是必不可少的。如果我们能对自己建立有效的监督机制，善用奖惩来督促自己，那么即便不需要他人监督，“大松心”的情况在我们身上也会越来越少发生。

第七章

探索：在常规之外找到创新密码

有些时候，我们始终找不到实现创新的“答案”，恰恰是因为总是把眼光拘泥于“常规”的范畴内。如果能够摆脱“常规”的束缚勇于探索，也许我们就能轻易发现这个“答案”原来一直都在那个我们没注视过的角落里。

1. 让伟大工匠的探索精神指引创新之路

在莱特兄弟发明飞机之前，人类怎么也不会想到自己有一天可以像鸟儿一样翱翔蓝天；在戈达德试飞第一枚液体燃料火箭之前，人类怎么也想不到有一天可以离开地球进入外太空领域；若不是蒂姆·伯纳斯·李发明了万维网，我们当然也不可能想到能够以如此便捷的方式完成人与人之间的沟通。无论在人类工业发展的哪一个阶段，总是存在着给人类社会带来飞跃式进步的创新传奇。而这些传奇的缔造者往往都是一个或一群拥有工匠精神的人。

这些拥有工匠精神的人，喜欢不断雕琢自己的产品，不断创新自己的工艺，享受着产品在双手中升华的过程。工匠们对细节有很高的要求，追求完美和极致，对精品有着执着的坚持和追求，把品质从99%提高到99.99%，其利虽微，却长久造福于世。正是对精益求精的追求，让原本一些看似根本无法实现的创新奇迹得以在他们的手上逐渐形成，让历史在他们身上留下惊鸿一瞥。

1863年，福特出生于美国一个普通农户家庭。按说以福特的家境，他应该早点为家庭分忧解难，努力干农活才对，因为穷人的孩子早当家。但现实中，福特却是一个对农活不感兴趣的孩子。在福特16岁时，他不顾父亲的反对独自远行，去了美国著名的汽车大都市底特律，追寻他自己的理想。当然，从后来的结果来看，福特确实走对了路——因为他从小就喜欢机械，并将大发明家爱迪生作为偶像。他来到底特律后，经过近12年的努力，终于在1891年作为一名工程师进入了爱迪生电力公司。

能为发明大王爱迪生打工，这可是莫大的荣耀。可以说，福特在爱迪生的电力公司干得很不错，很快就成了发电机方面的总工程师。不过，对于这段岁月福特后来回忆道：这期间他的主要精力并没有放在‘电’上，而是放在了汽油机上。因为福特认为除了电力以外，汽油将成为未来提供动力的重要能源要素。但这一切想法是否可行呢？福特一直期望与发明大王爱迪生进行一次交谈。

经过了漫长的等待，在1897年，福特终于有了一个与爱迪生单独谈谈的机会。对于福特的创意与想法，爱迪生也是非常认同。爱迪生对福特说："任何重量轻、能发动大马力并能自动补给的发动机，都会有极光明的前途。电力并不是万能的。继续做你的发动机吧。如果你能做到你想做的，会有远大前途的。"

很显然，偶像的肯定让福特做出了一个也许是他人生中最重大的决定——他选择离开了爱迪生的公司，创办了第一家汽车公司。之后，福特很快推出了自己的第一款汽车产品，但只生产了25辆汽车后便于1900年破产。

面对困境，福特并没有放弃自己的追求，他努力说服了一些投资人给他投资，并在1903年开创了以福特命名的汽车公司，并一直担任总经理。此后，福特吸取教训对汽车成本环节进行了改进，哪怕细到车上的一个螺丝钉福特都想尽办法来节约成本。很快他就成功实现了汽车制造成本的大幅降低，推出了世界上第一辆属于普通百姓的汽车——T 型车，这标志着世界汽车工业革命就此开始。在 1913 年，福特汽车公司又开发出了世界上第一条流水线，这一创举使 T 型车成本进一步大幅下降，也让 T 型车的足迹遍布世界每个角落。福特也因此被尊称为“为世界装上轮子的人”。

当时在美国，1902 年每 150 万人才拥有一辆汽车。到了 1907 年就变成了每 800 人拥有一辆。到了 1918 年，几乎普及到了每一个美国家庭。在 20 世纪 20 年代初，T 型车的产量占美国汽车产量的 90%，世界汽车产量的 2/3。一度，世界上每两辆汽车中就会有一辆 T 型车。而除了注重生产，福特还非常注意他与员工的关系，不仅提高工资，还首创八小时工作制。鉴于福特汽车所做出的贡献，美国时任总统威尔逊在 1915 年专门接见福特，对福特汽车大加赞赏。

1945 年，福特彻底退出公司管理。1947 年 4 月 7 日，福特因脑出血去世，终年 83 岁。当时，为了纪念福特并向他致敬，美国所有汽车生产线停工一分钟，以此纪念这位伟大的世界汽车工匠。

福特在成功制造出第一辆民用型汽车之前，他的道路不可谓不坎坷，巨大的失败几乎让他制造民用汽车的想法成了一个笑话。然而工匠精神却依旧让他兢兢业业地将精力投入到自己的创新工作中，也正是他精益求精的工匠精神最终让他实现了大大降低汽车制造成本的奇迹，也让他本人成为改变世界的工业巨匠。

其实我们仔细观察那些通过创新缔造工业奇迹的巨匠就不难发现，

工匠精神的影子在他们身上挥之不去，其实这并不难理解。

只有拥有了工匠精神，一个人才能够将自己的工作看作是毕生的事业，才能够让实现伟大创新成为可能。如果仅仅是把工作当作养家糊口的手段，那么无论是谁也不可能在创新这件事上保持长久动力，就更不要说创造震惊世界的工业奇迹了。也只有将工作当作自己毕生的事业，一个人才能够投入足够的心血与真正的热情到创新工作中，而这能让一个人的创新成果到达别人所无法企及的高度。

只有拥有了工匠精神，一个人才能在自己的工作中做到精益求精，伟大的创新正是源于对创新工作中的每一个细节都做到精益求精。细节决定成败，对每一个细节都做到精益求精才能够让量变积累成为质变，让一些看似不可能完成的事情得以真正实现。其实很多工业创新奇迹并非依靠多么宏大的创新蓝图与构思才产生的，正是依靠对于每一个创新工作细节的精益求精而逐渐成长起来的。

只有拥有了工匠精神，一个人才能为了自己的理想而非利益去工作。那些能够改变世界的工业巨匠，开展创新的出发点大多都是为了实现自己的理想，而绝非为了获得什么样的利益。为了利益去工作，很难让一个人产生极大的进取动力，也很难让一个人在遭遇艰难的处境时继续坚持下去。工匠精神能够让一个人内心的价值观彻底升华，让他们为了理想而非金钱和利益去奋斗，这让他们哪怕遇到再艰难的局面也能够坚持到底。而正是在这种坚持中蕴含着能够改变世界的力量。

失去了工匠精神，人类历史上的一个个工业创新奇迹将永远停留在梦想中；失去了工匠精神，一个个工业巨匠也很可能早已沦为平庸；失去了工匠精神，人类工业将难以实现飞跃，停滞不前。缔造一个不朽的工业传奇可能需要一定运气成分，也需要客观环境的支持，然而最需要的还是工匠精神这股巨大的力量。当我们翻开人类开拓创新的历史篇章就会发现，每一页都有工匠精神的影子，每个巨匠无不用实际行动诠释着工匠精神的巨大作用。

2. 在创新上，想与做同样重要

创新最初是作为一种脑海里的想法出现的，从根本上说，还停留在认识的层面。如果没有实践，那么再好的创新理念也是空中楼阁。只有把创新思维与创新实践紧密结合起来，才能不断把创新的念头真正拉入实际中来，把自己的工作推向一个新层次、新水平。

在实际工作当中，能萌生出创新性思维的人不少，但亲自去付诸实践的人却不多，大部分人缺乏实践的勇气和对工作的使命感、责任感，因而让自己的创新最终沦为空想。在这个竞争如此激烈时代，每一个员工迫在眉睫的一项工作，就是要增强敢于将创新付诸实践的勇气，通过将创新思维真正应用到实际工作中来不断提升自己的技艺和能力，将自己逐渐淬炼成真正的创新型工匠。

想要让思维上的创新与实践结合起来，首先我们就必须对自己的岗位工作有着全面的认识，确保自己的创新思维能够与岗位工作的性质相契合。例如，如果我们从事的是保密工作，而自己的创新理念却很有可能造成机密泄露，那么这样的创新就是毫无意义的，因为它根本就不符合你的岗位需求，也不可能应用到实践中去。因此，只有当我们对自己的岗位性质有着全面深刻的认识，才能够确保自己在创新的过程中始终保持与自己岗位工作的契合度，让自己的创新具有实践意义。

其次，通过工作实践经验，找到导致我们遇到“瓶颈”的根本原因，并寻求解决这一问题的可行性创新方法。当我们在萌生创新思维时应该尽可能结合自己实际工作中遇到的问题，使用最简单易行并且能够直截了当解决核心问题突破“瓶颈”的方法来让创新理念更好地应用于实践。

再次，要想将创新与实践有机结合，我们还必须要拥有敢于把自己的创新应用于实践的勇气。把新点子应用到实践中去肯定是需要冒一定风险的，毕竟谁也不能百分之百确定自己的创新思路就是正确的。不过哪一次创新不伴随着失败呢？也许一时的失败确实会给我们带来一些损失或是工作成绩的降低，然而只要鼓起勇气让这种创新思维经受实践的检验，并在失败中总结经验进行改良，那么最终它给我们带来的将是质的提升。

最后，要让自己立刻行动起来，让自己的每一个创新都去经历实践的检验。创新最开始都是源自头脑中的想法，然而想法本身并不能帮助你提升执行力。要想证明自己的想法是否正确，看看这些创新是否真的能够在实际中得以应用，最好的方法就是立刻行动起来，用实践去检验它们。

在远古的时候，有两个朋友，相伴一起去遥远的地方寻找人生的幸福和快乐，一路上风餐露宿，在即将到达目标的时候，遇到了一条风急浪高的大河，而河的彼岸就是幸福和快乐的天堂，关于如何渡过这条河，两个人产生了不同的意见，一个建议采伐附近的树木造一条木船渡过河去，另一个则认为无论哪种办法都不可能渡得了这条河，与其自寻烦恼和死路，不如等这条河流干了，再轻轻松松地走过去。

于是，建议造船的人每天砍伐树木，辛苦而积极地制造船只，并顺带着学会游泳；而另一个则每天躺下休息睡觉，然后到河边观察河水流干了没有。直到有一天，已经造好船的朋友准备扬帆出海的时候，另一个朋友还在讥笑他的愚蠢。

不过，造船的朋友并不生气，临走前只对他的朋友说了一句话："去做每一件事不一定见得都成功，但不去做每一件事则一定没有机会得到成功！"

能想到躺到河水流干了再过河，这确实是一个"伟大"的创意，可惜的是，这却仅仅是个注定永远失败的"伟大"创意而已。

这条大河终究没有干枯掉，而那位造船的朋友经过一番风浪也最终到达了理想的彼岸，这两人后来在这条河的两个岸边定居了下来，也都衍生了自己的子孙后代。河的一边叫幸福和快乐的沃土，生活着一群勤奋和勇敢的人；河的另一边叫失败和失落的原地，生活着一群懒惰和懦弱的人。

躺着思想不如站起来行动，只有将我们的每一个创新都应用于实际工作中，才能够知道哪些创新思维真的能帮助实际工作，而哪些则是没有效果甚至起到反作用的。其实在创新的过程中只有一种失败，那就是空想。

纸上谈兵永远不能实现创新、享受创新带来的实际作用，只会浪费我们的时间与精力。让实践去检验创新，让创新在实践中得到真正的升华。

3. 主动求索，不断寻求创新

实践获真理，求索知己见。“路漫漫其修远兮，吾将上下而求索”，屈原为了理想与信念，终身求索而不息。在通向梦想彼岸的道路中，每个人都需要拥有“求索”精神。“求索”精神是一笔宝贵的财富，等待着在创新道路上的我们来获取。求索充实了我们的人生，求索加快了我们获取知识、经验的速度，求索精神让我们更容易在创新道路上触及最终的目标。

创新之途是一条大江大河，它有时风平浪静，有时奔腾呼啸。当我们在江河之中行进之时，往往不进则退。如果我们想成为一名真正具有创新能力的工匠，而不愿成为一个随波逐流、来去匆匆的过客，那就应该去搏击风浪，知难而进。求索需要追求，需要探索，需要勇气，需要坚持。

从一个只有初中学历的农民工，成长为全国劳模、全国“木工状元”、全国技术能手，被誉为“鲁班传人”，翟筛红的经历很传奇。谈到自己的成绩，他有些羞涩：“没想到这条路一走就是30年。我想，以修行之心磨炼自己的技艺是我的

‘制胜法宝’。”

1985年，16岁的瞿筛红开始跟人学做木工。学好徒弟，饿死师傅，也许是因为这样的说法，师傅只肯教他刨料、锯料、打眼等简单的基本功。

然而，经过一段时间的磨炼，瞿筛红通过自己的用心学习和埋头苦干，很快学会了几乎所有的木工活儿。“走到哪儿学到哪儿。”瞿筛红说，他的“技艺在磨炼中不断提升”。

应聘进中建五局装饰公司后，瞿筛红的命运得到了改变。他借来了同事一本《营造法原》的书。说起那本书，瞿筛红现在还记忆犹新：那本书是竖排版，用文言文写的。当时很多大学生都读不下去，但他最终还是把它“啃”了下来，因为他相信这本书能大大提升自己的木工“修为”。

没进公司前，在外面做门，门缝三四毫米宽也没人管，能用就行。进公司后，门缝标准有规定，只能在1.5~2.5毫米之间，超出范围就是不合格。瞿筛红对这些规矩从没有埋怨，反而当作磨炼、增进自己技艺的动力。

在实践中学，从书本中学。就这样，瞿筛红凭一股子钻劲，不停探索、创新，从刚入行时只能给人打下手，一步步成长为公司的资深技师。他2006年参加全国建筑技能大赛，现场凭借创新现代方法制作“乱冰纹”——一种几乎失传的古老的窗棂做法，战胜了来自全国29个省（直辖市、自治区）的116名精细木工选手。在北京人民大会堂，瞿筛红在夺得全国精细木工技能比赛第一名后，登上领奖台。那一刻，“状元”瞿筛红成了众多建设者的偶像。

当上“状元”后，瞿筛红被破格提拔为公司副总经理。然而半年后，他就主动走出了办公室，下了工地。常州天隽峰、马鞍山大剧院、西安华南城、西安新地城、洛阳牡丹城等工程都有他的身影。

“待在机关里我的技艺还怎么提升？想赚钱的话，机会还是有很多，我还是想在公司踏踏实实做个木工，修行磨炼技艺，不断追求创新，我只想成为木工界的一把手。”瞿筛红这样讲述着自己坚持下工地的理由。

瞿筛红常说：“木工这种手艺活放不下，一放下就会生疏，得天天摸，天天练，天天学，天天想办法创新，才能保证自己不退步。”

直到现在，瞿筛红依旧不断用行动诠释着一个普通工人身上那种伟大的工匠精神，诠释着中国工匠所一直秉承的求索精神。

在这个“商人精神”横行的年代。我们每个员工可能都面临巨大的生存挑战，鲜有人愿意不断修炼自己的技艺，去享受不断求索升华的过程。

诚然，赚钱是工作的重要目的，真正的工匠也用自己的手艺获得财富。但真正的工匠不为钱去磨炼手艺。一个手艺人对于自己技艺的态度其实就是他人生态度的表现，只有不断求索去磨炼自己的技艺，手艺人才能最终达到“技近乎道”的境界，才能升华成一名真正的工匠，让自己拥有巨大的价值。

技艺是手头功夫，更是心中的功夫。一个人只有从心中排除杂念，以最单纯的工匠之心去不断求索，才能获得技艺的不断提升，才能克服现实中的重重困难，最终脱颖而出成为自己领域里掌握顶尖技艺的优秀工匠。如果不能报以求索之心去磨炼技艺，在提升技艺的过程中往往就会受到现实利益的影响，总是去权衡自己的付出与收益是否成正比，自然很容易在遇到困难时选择放弃或是在获得成功后骄傲自满。只有把求索当作自己的不懈追求，才能以超越自我作为创新的终极目标，实现一次又一次自我突破，最终让技艺在创新过程中登峰造极。

一个人要想成为真正的工匠，让自己的技艺达到少有人能及的高度，那么唯有怀以求索之心不停走在创新之路上。

4. 做足准备，时刻捕捉创新机遇

我们每个人都在工作中等待着与机会不期而遇，让自己能够一下子就实现某些创新，在机遇的帮助下让自己远大的创新“蓝图”搬进现实。然而机会并不会从天而降，它需要通过我们自己去争取。当然，要想让自己能够在工作中得到更好的创新机会，我们不仅要投入足够的努力，更要做好抓住机会的准备，二者缺一不可。

如果说努力能够帮助我们创造机会，那么做好准备才能让我们真正将身边的机会抓牢。之所以这样说是因为机会中既蕴藏着偶然性也有着必然性。机会的必然性在于只要我们不懈努力就能够争取到更多机会，在工作中做足努力就一定会让我们遇到机会；而机会的偶然性在于我们并不知道何时它会出现，因此必须时刻做好准备，才能在它突然出现的时候一把抓住。

莉莉将要采访一位成功的企业人士，就在电话邀约后，对方很热情地告诉莉莉，将派他的司机来接她，莉莉心想：果然是成功人物的典范。

莉莉一上车，看到了司机的气质和仪容，与一般想象中的司机形象相距甚远，温和有礼且言行得体，能给人留下很好的印象。车子开动后不久，莉莉便和司机聊起天来，令人讶异的是，他对于一般的企业、金融、股市、理财等经济脉动都能评论一番，这一点令莉莉感到非常佩服，不久之后，司机转过头来询问她："女士，对不起，因为有东西忘了拿，所以可否先绕到寒舍一趟，待会再到公司去好吗?"莉莉看了看表，反正时间还早，就跟他说："没关系啦，你请便。"

车子过了中山桥后，便直驱天母，停在一幢高级豪宅前，只看到司机快速地进入屋中，拿了两三个档案夹出来，等到司机一上车，她便忍不住地"访问"起来："这房子是你买的吗?"

司机倒是大方地点头说："是啊!"在好奇心的驱使下莉莉继续往下探底，便以开玩笑的语气问："那你大概有个好爸爸吧。"

司机摇摇头说："我父亲是种田的农夫，没有什么多余的资金，只够温饱而已。"

"那你也应该有个'好老婆'吧。"

司机说："我老婆只是一般的家庭主妇而已。"

这就让莉莉感到不解了，一个司机怎么能买得起如此豪华的宅邸？司机仿佛看出了她的疑惑，解释说他的老板交友非常广阔。他因为替老板开车，所以常有机会接触到平常所接触不到的企业精英与社会名流，如企业家、股市大户、财务顾问、政府官员和专业人士，让他进一步见识到一些成功人物的言行与风范。这些经验对他来说，真是既新奇又有趣，因此他一方面专心开车，另一方面也认真地“偷听”他们在车中的谈话内容，之后更勤于做笔记和记下心得，并效法他们的思考模式和做事方法。

除此之外，他还会花时间去听一些理财、投资方面的演讲，并购买相关的书籍，尤其当司机有一个最大的优点是，可以利用闲暇的等待时间来阅读这些书籍，如有遇到不懂之处，他就会把握机会向这些专家请教。他这股认真的求知和学习精神，让一些曾经搭过他的车的专业人士，对他赞赏有加，因而乐意竭尽所能为他解开迷津。

在几年前，高科技股票大量上市之际，他不经意在车上听到一位创投公司的财务专家与他的老板间的一段谈话，财务专家跟他的老板说，科技股是未来股市的主流，这些股票值得投资。他在前座越听越兴奋，不久后他就立即行动，而大量买进科技股票，现在终于创造出令人称羡的财富。

在努力的同时时刻让自己做好准备，我们也能够与创新机会不期而遇。而要想让自己做好充足准备迎接机会的到来，我们就需要让自己具备掌握机会的能力。

（1）不断提升自己，厚积而薄发。

当机会来临时，如果我们没有足够的能力去抓住它、利用它那无疑是一种莫大的遗憾。中国有句古话：台上一分钟，台下十年功。我们常羡慕别人的机遇好，羡慕命运对别人的青睐、羡慕别人的成功，却没有看到荣耀和鲜花背后他们在自我提升上所付出的千辛万苦。所以，从现在开始在自我提升上付出更多的努力，让自己的能力一点点得到提高，让我们有能力去把驾驭能出现的机会。厚积而薄发方能获得成功，告诉自己时刻准备着，当机会来临时我们就不会留下悔恨。

（2）不要认为机会还不够好就轻易放过它。

有时我们错过了机会并不是因为自己的能力不足，而是我们认为这个机会还不够好。我们在工作中遇到的每次机会能够给我们带来的进步确实有大有小，但是谁又知道下一次机会什么时候到来，会不会更好呢？也许我们认为还不够好的机会已经是“最后的机会”了，倘若我们就此放弃岂不可惜。其实我们没必要对机会挑挑拣拣，抓住这个机会并不影响我们的下次“出击”。利用每一次机会去提升自己，我们才能够遇到更好的机会。倘若我们总是“按兵不动”，期待着一个一下子能够让我们实现飞跃的机会，那么很可能最终让我们一次机会也没抓住。

（3）培养自己发现机会的眼光。

还有一种情况是，当我们经过不懈努力终于迎来机会的出现时，却完全没有发现它，从而让我们在不知不觉中就错过了，甚至连悔恨的机会都没有。想要把握住机会我们就必须培养出能够发现它的眼光。机会都是稍纵即逝的，只有我们能够及时发现并抓住它，才能避免与之擦肩而过。要想培养出发现机会的眼光，我们就需要从每一天的工作中去积累，留意工作中的每一个细节，找到可能给工作带来突破的突破口。这样一旦我们发现在工作中仿佛加入了一些变化，仿佛出现了一条新路的时候，才能意识到机会已经来临，从而牢牢把握住它。

现实工作中有些人总是坐着等机遇，躺着喊机遇，睡着梦机遇，做“守株待兔”的人。殊不知如果这样，机遇就会像满天星斗，可望而不可即，即使创新的机遇真的来到身边。他也发现不了，更不用说去捕捉和利用了。

要想抓住工作中的创新机会让自己实现技艺上和成绩上的突破，既要做到不懈地努力，同时也要做好迎接机会的准备。创新机会只会青睐既努力又做好准备的人，让自己努力去成为那样的人吧。

5. 立即行动，想到了就去做

随着“互联网 +”时代的来临，我们已经进入了一个“速度制胜”的时代。现如今的机会转瞬即逝，技术更新换代的速度甚至只需要几个小时，甚至一个领域的前进方向都会随时进行一百八十度大转弯。在这样的时代中，每个人要想实现有意义的创新，都必须让自己能够“快”起来，速度制胜是如今创新领域中不变的“真理”。

在以往，步步为营一点点积累创新的各方面要素是能够成功实现创新的秘诀。但制造业已对这种创新理念沉迷太久。如今，已经鲜有机会能够让我们实现这种“慢吞吞”的创新了。每个领域的发展已变得越来越不可捉摸，行业也变得越来越松散和不稳定，这也导致了企业对于生产一线员工的创新能力需求发生了翻天覆地的变化。

可能在以前，一些总是喜欢“慢慢来”的创新尚有存在的一席之地。那么现如今这样的创新模式已经几乎失去了任何生存空间。速度慢往往就意味着创新还没有实现就被淘汰了。现在，一个突然萌发的创新理念，可能在一个月之后就会成为过时的理念，如果你需要用三个月的时间才能将你的创新付诸实践，那么它将毫无意义；一个创新在今天去实践还是明天去实践，可能给工作带来的是完全不同的收益，如果我们在明天才完成，可能创新的作用将大打折扣。

因此，在这个“互联网+”的时代，你必须学会提升自己的创新执行速度，丢弃自己以往的那些“慢动作”，增强自己的紧迫感，每天都提醒自己：在创新领域，唯快不破。

谭智现任上海框架广告发展有限公司首席执行官。在加入上海框架公司以前为香港TOM集团高级顾问，负责该集团的中国营运中心工作和集团技术发展工作，为TOM集团在中国的收购整合、技术开发，以及建立跨媒体平台和运营工作做出了巨大的贡献。

然而谭智并不是一直这般的顺风顺水，在互联网泡沫破裂的浪潮中，他领导的中国第一个电子商务网站8848轰然倒下，他本人亦被媒体评为“互联网十大出局者”。在公众视野里消失了3年后，在11个月的时间内，他凭借令人咋舌的闪电手法，不断开拓创新，建立框架传媒，然后卖给风头正盛的分众传媒。框架传媒从估值的3200万元人民币做起，最后动态估值达到30亿元人民币。以董事长谭智为首的框架团队是如何成功地完成如此惊人的跨越的呢？在接受记者采访时谭智道出了其中的诀窍：“天下武功，唯快不破，我和我的团队没有什么特别的过人之处，只不过在创新过程中做得比别人快一点而已。”

就如同谭智的成功创新一样，如果我们能在创新速度上快一点，那么所创造的工作结果很可能也是天差地别。有时只需要一步的领先优

势，就足以让我们成为领域中第一个登上领奖台的人，而慢一步我们就很有可能被挤下去。

之所以说创新速度对于现今的员工有着如此重要的作用，首先就是因为在快速多变的制造业环境中，一个创新本身所带来的竞争优势常常会在一年内消失殆尽。因此，如果我们不能让自己的创新尽快投入实践实现更高的利用效率，给更多工作带来有利影响，那么这个创新就无法创造更大的价值，实际上就浪费了自己好不容易依靠创新获得的某方面优势。

其次，只有保持较高的创新速度，我们才能依靠创新在工作中同时建立多个瞬时优势，从而大大提升创新的实际应用效果。比如说，如果我们在想到一个创新的理念后，把实践工作推迟很久才去完成，那么哪怕我们有很高的工作效率，由于没有把握住实现创新的最佳时机，很有可能也会让创新结果不太尽如人意。而如果我们从一开始就迅速开始创新实践工作，很有可能在一瞬间就可以找到创新理念与多个进行中的实际工作之间的联系，使整体工作得以提升效率；或者率先将其中某项工作完成，让这项工作获得最优结果，从而大大提升我们在全局工作中的完成效果。

在这个飞速前进的时代，一定要记住：以最快的速度完成创新能让我们获得无法想象的优势，成功还是失败也许就在分毫之间的速度的差别上。如果我们能让自己的创新速度达到极致，那么在这个领域中我们也将成为引领者。

6. 独辟蹊径，换个角度看问题

在创新工作中我们每个人可能都出现过这样的状况：当在创新过程中遇到难关时，我们经常会产生一种不服气的想法，“不信那个邪”，一定要以同样的方式去攻克这件事情，哪怕明明知道有更好的方法，却还是跟自己较劲。类似这样的情况说好听一些是“不服输”，说不好听其实就是“钻牛角尖”，是自己为难自己的做法，是浪费时间的举动。在这个对创新速度要求如此之高的时代，这样做只会让我们一次又一次在创新工作上投入的努力白白付诸东流。

如果我们把自己的努力用在跟自己较劲上而不是解决创新中的问题上，那么我们的精力和时间就会在这种与自己的斗争中“内耗”。不要以为一根筋的做法是在与创新中的问题“搏斗”，实际上我们只是在跟自己内心的情感“搏斗”。

在某个小村落，下了一场大雨，洪水淹没了全村，一位信徒在寺院里祈祷，眼看洪水已经淹到他的膝盖了。一个救生员划着舢板来到寺院，跟信徒说：“信徒，赶快上来！不然洪水会把你淹没的！”信徒说：“不，我深信佛祖会救我的，你先去救别人好了。”

过了不久。洪水已经淹过信徒的胸口了，信徒只好勉强站在祭坛上。这时，又有一个警察开着快艇过来，他跟信徒说：

“信徒，快上来！不然你真的会被洪水淹死的！”信徒说：“不！我要守着我的寺院，我相信佛祖一定会来救我的。你还是先去救别人好了！”

又过了一会儿。洪水已经把寺院整个淹没了。信徒只好站在寺院顶端，一架直升机缓缓飞过来，丢下绳梯之后，飞行员大叫：“信徒，快上来，这是最后的机会了，我们不想看到洪水把你淹死！”信徒还是意志坚定地说：“不，我要守着寺院！佛祖会来救我的！你赶快去救别人吧，佛祖会与我同在的！”

洪水滚滚而来，固执的信徒终于被淹死了……信徒魂归西天，见到佛祖，他很生气地质问：“佛祖啊，我终生奉献自己，诚心诚意地侍奉您，为什么您不肯救我？”佛祖说：“我怎么不肯救你！第一次，我派了舢板去救你，你不要，我以为你担心舢板危险；第二次，又派了一艘快艇去，你还是不上船；第三次，我又派一架直升机去救你，结果你还是不愿意接受。所以，我以为你是急着想要回到我身边来，可以好好陪我。”

对于每个人来说，“钻牛角尖”地去进行创新工作就好像这个信徒，总是坚信自己工作和解决问题的方法是唯一能够帮助自己的，哪怕其他解决问题的途径一次又一次出现在我们身边可以选择，我们也熟视无睹。而当我们最终被眼前的困难所击败时，我们可能都不会发现，击倒我们的并非困难本身，而是我们自己。

其实不懂变通的思维模式之所以会产生也并不是没有原因的。当我们自己通过主观能动性创造的用以完成工作和解决问题的方法被现实中的困难证明是行不通的时候，我们就不会在心中产生强烈的挫败感。而为了对抗这种挫败感，我们有可能就会选择再一次用同样的行动去证明自己。而当这种行为一次次重复后，就会让我们形成一种封闭的思想，必须用这样的方法解决问题才能证明我的能力和价值。这就让我们不再去客观地考虑使用的方法本身是否存在缺陷，而让自己成为自己思想的“奴隶”。

当然，要想避免被这样的僵硬思维控制让自己的创新在中途夭折，让自己能够在创新工作中把更多的努力投入到解决问题而非跟自己较劲上，就需要我们用一些小方法来扭转这种错误的思维方式。

(1) 把问题解决了才是证明我们能力的最好方法。

既然这种思维模式的产生跟我们想要证明自己有关，那么我们就必须纠正自己的错误认识，明白究竟什么样的行为才能够真正证明自己，体现自己的价值。我们在创新工作中创造的价值主要体现在创新工作本身能够取得什么样的结果，那么就用这种结果思维去跟“钻牛角尖”的心理对抗。告诉自己，只有通过这种途径，我们才能够更好地证明自己是一个有能力的人。而要想取得更好的创新成果，实现更高效的工作，我们就必须要把自己的努力投入到那些能够推动创新工作前进的事情上，例如解决当前的问题。这样想我们就会把自己的思维从“一根筋”的死循环中解放出来，让自己开始真正去考虑创新工作中出现的问题本身，而不是跟自己较劲。

(2)“一根筋”的做法即便成功实现了创新也得不偿失。

当我们跟自己较劲，抱着所谓“不服输”的精神“一根筋”似的去解决问题时，如果我们运气好，也许确实能够让问题得到解决，但不要以为自己又一次证明了自己的工作能力。如果我们看看自己在解决问题时投入的时间和精力成本，再看看问题解决后给我们带来的收益，就会发现自己干了一桩“亏本买卖”。如果我们解决问题的方法是一种“投入大于产出”的方法，那么证明这种方式是毫无意义的，甚至还不如不去解决问题。解决问题的目的是提高我们的工作效率，让我们更好地完成工作，如果反而成为效率的“拖累”那就有违我们的初衷了。

（3）把思考当作一件有趣的事情。

有些人之所以“一根筋”地去完成工作和解决问题，并非因为跟自己较劲，而是没有思考的习惯，根本意识不到自己还可以找其他的方法去更好地解决问题。而要养成思考的习惯，就必须在日常工作中把思考当作一件有趣的事情去做。比如我们可以在一些小事上多发挥自己的想象力，去尝试一些我们没用过的工作方式；或者可以尝试打破自己的常规思维，用与众不同的方法去完成一些事情。当然，不管使用什么样的方法，我们最好都先在一些无关紧要的事情上去尝试，可别因为发挥想象力而耽误了工作。

在创新工作中有时我们必须学会放下自己的执念，换个角度去想问题，尝试用不同的方式解决问题。真正的“不服输”是在发现自己的工作方法被某些问题打败后，立刻重新思考一种能够不再被类似问题击败的新方法。只有这样我们才能在克服一次次创新中出现的困难和问题后更快、更有效率地推动创新进程，让我们的创新能够走在时代前列。

7. 没有颠覆就没有创新

人们在做一件事情之前，往往较少去想应该怎样做，而是按照自己习惯性的方法或是以往的经验直接开始行动，这就是我们说的“经验主义”。“经验主义”隐藏在我们的思维和习惯里，就像是计算机中安装的固有程序一样。为什么按照这个固有程序来操作，似乎没有多少道理可讲，反正大家都是这么做的，我们就自然而然地这么做了。

然而在创新过程中，按照“经验”是很难有所突破的。许多人常抱怨自己能力不够，干不了大事，实则不然。据心理学家研究发现，人们所使用的能力只有我们所具备能力的2%～5%，也就是说，人可挖掘的潜力是非常巨大的，每个人并不缺乏创新的能力，但却需要颠覆传统经验打造打开创新大门的“金钥匙”。

美国康奈尔大学的威克教授曾做过一个实验：他首先把一只玻璃瓶平放在桌子上，瓶底朝向窗户有亮光的一方，然后把瓶口敞开，放进几只蜜蜂。只见蜜蜂在瓶内朝着亮光飞去，不停地在那里寻找着出口。蜜蜂坚持地朝向亮光处飞去，可每次都只能撞在瓶壁上。经过太多次的尝试，蜜蜂发现自己永远也无法飞出去，终于绝望，最后只好认命，奄奄一息地停在有亮光的瓶底。

接着，威克教授将瓶子像原来一样摆好，不过这次放进去的是几只苍蝇。没头没脑的苍蝇十分慌乱，在瓶底、瓶壁到处乱闯，可没过多久，它们竟一只不剩地从瓶口飞了出去。

为什么苍蝇能找到出路，而蜜蜂却只会认命？蜜蜂和苍蝇截然不同的命运告诉了我们什么？在蜜蜂的思维里，玻璃瓶的出口必然会在光线明亮的地方。可怜的蜜蜂一味坚持着自己的习惯，不停重复着这种“合乎逻辑”的行动，即使面对无法逾越的瓶底也不回头，最后只能陷于困境，以失败告终。

而苍蝇对事物的逻辑毫不在意，也没有固定的习惯，热衷于多方尝试，一旦发现此路不通便立即改变方向，这种误打误撞的方式反而增加了出去的概率。

苍蝇的头脑肯定是简单的，可是那些头脑简单的人往往会在智者消亡的地方获得成功。苍蝇在非常规思维中和无目标的飞行下得以撞上那个正中下怀的出口，幸运地获得了自由和新生。

经验对于每个生产一线员工来说固然是十分重要的，正所谓“前事不忘，后事之师”。然而如果我们一味盲目相信“经验”，让自己掉入“经验主义”的陷阱里，只是不加思考地就完全按照固有的思维模式去工作，那么“经验”非但不会是我们的帮手，反而成为禁锢创新思维的牢笼，让人就像瓶子里的蜜蜂，永远无法找到出口跳出固有思维的“死循环”，更不要说实现什么创新了。

当然，要想真正实现创新，让自己突破“经验”的束缚，也必须遵循科学的方法。摆脱“经验”的束缚并不是去毫无意义地打破常规。

（1）突破思维极限的关键在于打破思维定势。

每个人在工作和生活中会形成一些固定性、模式性、习惯性的思维方式，我们称之为思维定势。思维定势有利于常规思考，但对创新会起到阻碍作用。所以，要实现创新，就要努力打破思维定势。诚如美国著名企业家福特所说："人总要受沿袭已久的陈规旧习的支配，这在生活中是允许的，但在企业中是必须排除的恶习。"

要想打破思维定势，我们就必须学会在工作中多用几种角度去看待问题，多尝试几种方式去解决问题。思维定势就是在这种一次次不同的尝试之中被打破的。打个比方来说，假如在工作中遇到一个问题，只用一种方式去解决它，那么我们就会在心中认为只有通过这种方式才能最好地解决这一问题；而如果从一开始就多尝试几种方式，很可能就能够通过比较找到最优方法，从而打破思维定势实现创新。

（2）解放思想、更新观念，摆脱固有经验对思维的禁锢。

在工作中，学习前人的经验教训能够让人在工作中少走弯路，能够让人便捷地找到解决许多固有问题的方法。然而，如果一味笃信固有的经验所形成的观念，那么我们将很难突破自己的思维局限，也很难在工作中实现创新。每个人都应该不断在心中告诫自己，前人的经验和观念固然值得学习，然而必须从客观的角度去对这些经验与观念进行分析，看它们到底适不适合现如今的岗位需求。只是一味照猫画虎式地去照搬前人的经验与观念而不加入自己的思考，我们的思想很可能就会被这些固有观念禁锢，无法实现创新。每个企业中的员工，都应该将自己的思想解放出来，将自己的观念进行不断更新，让它们更符合我们现如今的岗位需求和企业需要，做到利用经验但不被经验所束缚。

（3）独立思考、坚持己见，学会抵御外界干扰。

每一种创新在从想法转变为现实的过程中，都免不了会受到外界的干扰。例如，有些人会认为我们的创新思维太过荒诞，根本不可能实现；而有些人可能对坚持创新的精神并不理解，认为即便使用原有的方法也没什么不好；还有些人可能出于好意总是“出谋划策”，但这些计策却并不一定是正确的。如果受到了这些外界的干扰，很可能就会在更新自己的观念时产生犹豫，甚至在超越自己思维极限的过程中半途而废。

要想让自己具有真正的创新精神，突破自己的思维极限在工作中实现创新，那么就必须学会抵御这些外界干扰，学会独立思考，坚持己见。我们要明白很多他人的说辞并不一定是正确的，如果坚信自己的理念是经过科学分析和实践证明的，是具有很大可行性的，那么就一定要坚持己见，力排众议。在突破自己思维极限的过程中所表现出的行为，很大程度上也超出了其他人的思维极限，因此遭受不理解和非议是再正常不过的。我们可以在更新自己观念、突破自己思维极限的过程中与其他同事讨论，征询他人的意见，但是要对这些意见进行分析，去其糟粕，留下有用的部分，帮助自己更好地实现创新。

（4）保持自信、永不言败，在突破思维极限的道路上没有人能一次都不摔倒。

每个不断更新自己观念，不断用创新突破自己思维极限的员工，是在做一件大部分人都没有做过的事情，都是那“第一个尝试吃螃蟹”的人，因此遭遇失败可以说是必然会发生的事情。如果一经历失败就认为自己的尝试是错误的，自己更新的观念是错误的，那么在创新的这条道路上将永远得不到成功。

在哪儿跌倒就在哪儿爬起来，要坚信自己一定能够成功突破自己的思维极限。通过对失败的总结，我们能够得到许多有用的经验，调整自己更新观念的方法或方向，让自己离成功实现创新又近一步。古往今来，哪个走在创新路上的人没有经历过失败，尤其是那些给整个时代带来了巨大变革的顶尖创新人才，更是承受了比常人更多的失败。然而他们之所以最终获得成功，就是始终保持着自信，永不言败。

（5）别被别人失败的“经验”吓倒。

有些时候有的员工之所以不敢去创新思维，突破固有的工作模式，其实是因为他们看到了别人这样做后失败的惨痛经历。然而实际上，这种恐惧与担忧是没有意义的。创新的过程往往都要经历失败，即便我们使用别的方法在别的地方上创新，也不可避免地可能会经历失败。他人的失败有着其自身的诸多原因，同样的情况放在自己身上也许就不一样了。

伫立在黑暗中的油灯发出光亮，引来飞蛾围着灯光旋转，一圈一圈又一圈……飞蛾越转速度越快，也离灯火越近，终于一头扎进火中，被无情的火焰吞噬。

在一旁不远处觅食的蝙蝠目睹了这一惨局的发生，不禁惊出一身冷汗。

“吓死人了，飞蛾竟然这样丢失了性命，它是被光吞噬的！”蝙蝠总结出经验，暗自思忖着告诫自己：“原来光这么可怕，今后千万小心，切记不可跟光打交道呀！”

从此蝙蝠见光就避，除了晚上照明灯具等一类能发光用品不敢再接触以外，甚至连白天也不敢出来活动了。

众鸟纷纷前来劝说：“你怎么能拒绝光明呢？光明是我们生活中不可缺少的，人人都在追求光明，有光明才有前途，我们都在光天化日之下活动，生活不是过得很美好？”

“不，不！你们都没有亲历过，这世上最可怕的东西莫过于光了，”蝙蝠心有余悸，“你们知道飞蛾是怎么葬送性命的吗？就是因为光！所以诸位也要特别小心，千万别跟光亲近。”

不管人们怎样劝说，蝙蝠总是坚持自己的观点。同时为了使子孙后代不至于步飞蛾的后尘重演悲剧，它把这经验代代相传。所以直到现在，蝙蝠还是躲避着光亮，喜欢在黑暗中生活，而且越是漆黑如墨的夜晚，它活动得越放心，也玩得越开心。

如果因为看到了别人的失败就让自己连尝试的勇气都没有，那么我们就和故事里的蝙蝠没有什么区别了，永远也走不出“黑暗”而奔向充满光明与成功的新世界。

创新的大门之所以对我们紧闭着，其实并不是我们的能力推不开它，也不是我们还不够资格去推，而是因为这扇门可能是需要向外拉开的。摆脱“经验”对自己的束缚，颠覆传统实现创新，我们就会发现创新也并没有想象中的那么难。

第八章

继承传统工匠精神，培养现代创新文化

对于实现创新来说，传统工匠精神与现代创新文化都是必不可少的要素，二者从来就没有站在过对立面上。只要企业和员工共同努力，将工匠精神与创新文化有机融合在一起，那么就一定能奏响伟大创新的凯歌。

1. 传统与现代的融合迸发最耀眼的创新火花

中国自古以来就有“匠心独运”的说法，“匠”是基础，体现的是基本功和专业程度；“心”是提升，体现的是灵感创意和特色创新。二者合起来才能达到“独具匠心”的境界。经济社会和各个行业发展也是这样，只有将创新理念与工匠精神融合起来，才能领略到“匠心”之妙。

中国自改革开放以来，经历了 30 多年的快速发展，经济总量和规模迅速拉升到了一定的高度。但是随着进入经济发展的新常态，下一步怎么办，成为国家和所有行业都要共同面对的一个问题。一方面，我们还要继续保持中高速增长，这就需要创新来提供全新的动力；另一方面，我们还迫切需要对过去发展过程中取得的成果进行进一步的积淀、夯实和提升，这就需要工匠精神来实现。创新精神和工匠精神，是相辅相成、缺一不可的。

中国当前形势大好的推进改革热潮，与全世界范围内非常快速的技术变革相呼应，社会上涌现了大量的新团队、新模式、新思维，如火如荼地上演着各类创业秀、创新秀、成功秀，津津乐道于“猪在风口上都能飞起来”的话题。人们的激情常常源自对财富和成功的追求，而要真正做成一项事业，拥有更多的知识和技能、投入更多的精力和时间远比激情更加重要。此外，我们需要选择一个适宜的时机让自己成为幸运儿。

从诺基亚、尚德和互联网行业层出不穷的新老企业失败衰亡案例中总结可知，对自身过高的估量、对市场超前的估测、对创新过高的期望冲昏了头脑，忽视或降低了对困难和风险的防范，是它们的共同点。实践是检验真理的唯一标准，之于生产一线员工身上也应当是同理。创新需要的是长期一丝不苟的认真实践和持续改进，任何过高、过快、超前的乐观预期，都难以保证不夹杂着虚造的成分而无法落实。大部分世界知名品牌，无不是通过几十年、上百年的人才和技术积累，才造就了难以超越的创新格局，美国3M、日本丰田、德国西门子、中国华为均属此类。温故而知新，可以让一个人的知识循序渐进增长；积累而创新，才能够让我们在创新路上稳步前行。

说到瑞士，人们最先会想到的两样东西，一是钟表，二是金融。这两样东西，正好可以诠释瑞士这个国家繁荣昌盛的深层次原因。

钟表制造虽然是传统行业，但是瑞士凭借着对品质的执着追求和专业精准，将其升华成了享誉全球的高端制造业，这正是我们现在大力倡导的工匠精神。在将传统的工匠精神做到极致的同时，瑞士并不是一个固守传统的国家。瑞士连续多年稳居“全球创新指数”榜首，人均拥有专利数量位居世界第二，仅次于日本。而金融业是瑞士的另一张名片，瑞士在银行体系建设和金融资产管理方面的创新和创举，对世界经济的健康发展提供了借鉴，瑞士自身也在不断的创新中度过了一次次金融危机，这正是创新精神的体现。

工匠精神是对工艺文化的传承与科技的创新。不少人对工匠有着片面的认识，认为他们因循守旧，偏执地守着古老的技艺，慢工出细活的生产方式已经不能适应这个追求效率和效益的时代。其实不然，手工艺作为我国的传统工艺文化，是劳动人民智慧的结晶，是宝贵的精神财富，更是中华文化自豪感的重要体现，对它的传承更有一种历史责任在里面。同时，现代工业技术同样离不开工匠，以上海飞机制造公司的高级技师胡双钱为代表的工匠就是有力的说明，很多机器制作不出来的零件必须由他们用双手去完成，一块块贵重的金属在他们手里变成形状各异的零件，精度甚至能达到毫米。正是他们能够数十年如一日地追求着职业技能的极致化，靠着传承和钻研，凭着专注和坚守再加之创新，才缔造了一个又一个的“中国制造”。

工匠精神不是因循守旧，它是在传统工艺的基础上不断创造新工艺、新技术的过程，是一种传承与创新的并存。这其中更包含的是技艺，是中华民族传统文化的沉淀与融合，更是浮躁社会所缺乏的一种坚定气质与坚守。当工匠精神与互联网时代创新理念结合，当传统与现代相互交织，我们将会看到最耀眼的创新火花迸发出来。

2. 精神继承传统，思想跟上时代

既然说到了传统工匠精神与现代创新精神的结合能够迸发出最耀眼的火花，那么究竟如何才能将看似大相径庭的两者有机结合在一起呢？对于生产一线员工来说，需要做到以下两个方面。

（1）成为自己领域的“发烧友”。

虽然在当下这样一个分工不断细化、情绪容易浮躁的时代，我们与工匠精神有些渐行渐远，但工匠精神不是什么稀罕物，只要换一个说法，很多人就会觉得分外熟悉。古代的工匠，像极了今天的“发烧友”。“发烧友”是什么？就是指深度沉迷某一样事物的爱好者。“发烧友”可以是各式各样的。现代社会中，工作充满压力，在业余生活里选择一两样爱好，可以缓解压力，陶冶情操。钓鱼是一种没有任何盈利可能性的爱好。在机械化捕鱼盛行已久的今天，钓鱼“发烧友”们完全是为了爱好本身。换句话说，爱好的对象本身，就是爱好的目的，它不像工作或者某个项目，只是一种手段，背后还有其他的目的。对于“发烧友”们来说，进入了爱好本身，沉浸其中，就是最大的意义。你对爱好的投入与否，直接影响你能否获得快乐，以及能否获得其他爱好者的认同和赞赏。

古典时代的匠人对于从事手艺的态度，与今天的“发烧友”们无异。他们首先是所在行业的深度痴迷者，对手艺本身有着强烈的认同感。在中国乡土社会，我们还可以找到一些带着古典工匠色彩的匠人。譬如村里的竹篾匠。记忆中，竹篾匠轻巧地把弄竹篾时，心情是愉悦的。他眼神专注，手脚熟练，不一会儿工夫，就可以编织出一个整齐轻便的工具。同样，那些手艺高超的砖匠、口碑极好的耕田师傅，一旦投入到工作中，就绝不仅仅是为了完成一份工作，赚取一些钱财。与其说他们是在工作，不如说他们是沉浸在一场精巧的游戏中，那种状态十分令人羡慕。

“发烧友”与真正的匠人有一个共同特点，即外人觉得他们的爱好或工作是无聊枯燥的，但他们自己却觉得乐趣横生。一个重要的原因是，两者在进入状态后，都会逐渐发现物体的“灵性”。动辄守候鱼竿数小时的钓客，能够借助鱼竿与鱼群对话；类似的，瓦匠、砖匠、瓷匠们数十年如一日，他们也能够感受到自己与瓦、砖、瓷的“天人合一”。成语“独具匠心”，指的就是工匠在物体中融入自己精妙的构思。某种程度上，工匠的技艺是一种心灵的延伸，作为中介，实现与天地自然的融合与互动。

（2）成为修补式的创新者。

之所以选择将现代的“发烧友”与古典的工匠进行比照，主要原因在于二者投入状态的相像。当然，如果要指出二者的不同之处，肯定可以列出许多。

古典时代的工匠，远没有现代“发烧友”能够得到的便利。后者尽管也会乐意去发掘爱好本身的历史，但更多的是在一个横向的空间层面进行探索。对于古典时代的工匠来说，他们的信念、技艺和力量，更多地来自传统。工匠入门，拜师仪式是非常重要的。因为师父是掌握秘诀的人，是决定你成功与否的关键性人物。

总体上，我们无须否认工匠传统的没落。面对工业化、规模化生产方式的冲击，传统手工业的产能不足是最大硬伤。除此之外，工匠传统还有一个前文提及过的最大特点，即珍视传统超过一切。要成为一个技艺高超的匠人，年轻的学徒可能需要经过多年的打磨，而不是现在几天、几个月的培训。以剃头匠为例，新人学徒到正式“出师”，至少需要三年时间。在很多更加精细复杂的行业，出师需要的时间远不止三年。

所以，工匠精神的另一面，实际上要求工匠必须“与时间为友”。《尚书》载：“惟精惟一，允执厥中。”工匠对于师门技艺的传统，必须用功精深、用心专一，不偏不倚，恪守中正之道。在师道传承中，徒弟对师傅更多的是一种学习和模仿。至于现代社会推崇的“创新”，在“允执厥中”的要求下，创新者可能会冒着背叛师门、离经叛道的风险。所以，一般来说，每一代工匠的技艺传承，注重的都是心与物的融合，而较少考虑改变。

好莱坞明星娜塔莉·波特曼造访日本东京时，曾经对一家只有6个位子的寿司店赞不绝口。这家寿司店经营上百年，位子数量一直只有6个。来自日本本土的解释是：因为他们要把事情做好做漂亮，关键不在于数量，而在于对事物追求至善至美过程中的愉悦。日本寿司店的案例，可谓与中国的工匠传统殊途同归。两者都更乐意将精力花在对事物本身的精细化探究上，对于运营的扩展和技术的革新，都没有太大兴趣。

当然，工匠传统中并非没有创新，只不过这种创新绝不是如今互联网界流行的“颠覆式创新”，而是一种“修补式创新”。顾名思义，修补式创新不会轻易撬动主体根基，而是对一些边角料进行修补。有时候，习惯了大张旗鼓创新的人，会对这种修补式创新感到不满，认为这种举动是陈旧的、落伍的。然而，这恰恰表明了，工匠精神并不是万能的，它的存在和适用也必须置于一个具体的情况下。现代工匠精神的提出，是在中国制造遭遇质量和价格双重瓶颈背景下的产物。所以，我们在继承当代中国的工匠精神时，必须看到工匠精神的两面性，以及在这种具体背景下的相符度。

对于价格低廉、质量一般的中国主流制造业来说，工匠精神的主要意义在于对产品品质的极端重视。这种重视体现在对传统的捍卫和恪守，体现在匠人对手艺本身的沉浸和热爱。要形成这种态势，时间的沉淀非常重要。但对于很多企业生产一线员工来说，“弯道超车”是企业提出的更为急迫的要求，这也显示出目前对工匠精神的呼吁仍然存在“弯道超车”的功利思维。

很显然，工匠精神天然反对“弯道超车”，工匠精神强调的是“允执厥中”，是一种捍卫和留守。因此，对于企业的员工来说，将更多的时间和精力投入到研发产品之中而非提升技艺上，也可以理解为新时代的工匠精神，并不是必须要嗤之以鼻的。尽管这不是传统意义上的工匠精神，而是工业主义生产体系下，大规模人际合作背景下成为一名工匠的途径。

要想将传统工匠精神与时代背景相结合，与现代工业化需求的“直截了当”的创新精神相结合，那么员工就必须真正理解自己要扮演怎样的角色，要如何去理解适应新时代的工匠精神。只有做到在精神上继承传统而在思想形式上跟上时代步伐，我们才能够真正将二者有机结合在一起，从自己身上迸发出耀眼的创新火花。

3. 将“创客精神”带进企业、带上岗位

要想在企业更好地弘扬工匠精神与创新精神，不仅仅需要员工去努力，同时企业也应该尝试引入全新的文化理念，支持和帮助员工更好地领悟创新精神，受到创新精神的感召，从而更积极地去尝试创新、实践创新。而引入“创客精神”则是现代制造业企业将现代创新思维植入企业文化体系的契机。

在互联网快速发展的今天，创新大潮涌动，创客成为其中一支重要的新兴力量。自 2013 年以来，各种形态的“创客空间”在我国许多城市次第涌现，为创客们创意的释放提供了良好的平台。创客，逐渐从小

众走向市场，创客文化日益繁荣。

自诞生之日起，创客就有着鲜明的互联网时代烙印。创客运动最早兴起于美国的开源硬件及互联网技术领域。便捷灵活的开源硬件设计平台降低了普通人参与设计开发的门槛，催生了以开放性为特点、用户参与的创新模式。

在中国，将互联网技术与制造业、生产服务业等有机结合的“互联网+”经济形态已经成势。“创客”“互联网+”2015年首次被写入《政府工作报告》，引发社会关注。在“互联网+”模式下发挥创客的力量，推动创新创业的发展，既能催生新的经济增长点，也是产业转型升级的需要。

在互联网技术的推动下，普通人的创新潜力得到释放，个人设计、个人制造蔚然成风。和传统的企业创新不同，从想法的提出到设计，再到变成产品，创客们专注于想法的实现，满足个性化需求。互联网便利的连接性和空间的无限延展性，可以将小众的消费群体集合起来，从用户需求出发，打造个性化的定制商品。创客们在互联网上组织虚拟社区平台，交流、碰撞，以迭代创新不断优化产品，推进创客产品商业化。也有一些原本小范围流行的创客产品，经过市场检验获得认可，成为规模生产的大众商品。

比如，“创客中国”公共服务平台，将拥有创意、设计、研发、销售等优势资源的创客集合在一起，3D打印、机器人、智能家居、智能可穿戴设备的产品不一而足，形成线上定制、线下生产、线上销售的O2O产业链。从这个意义上说，“互联网+”充分发挥了互联网在生产要素配置中的优化作用，帮助创客们获得信息、工具、资金等资源，为创客群体的生长提供了肥沃的土壤。

在传统的制造业思维层面，先生产后消费的模式已经根深蒂固。而对于工业4.0时代而言，互联网技术降低了生产和消费之间的信息不对称，消费者驱动的商业模式开始形成。借助互联网平台，创客可以跨越生产与消费的信息鸿沟，直接对接客户，这是对传统生产的突破性变革。

2015年5月19日发布的《中国制造2025》中，智能制造被定位为中国制造的主攻方向，明确提出要“发展基于互联网的个性化定制、众包设计、云制造等新型制造模式”。创客已展现出蓬勃的生命力，渗透到互联网、加工制造、医疗等行业。依托新技术条件下形成的制造业生态体系，创客将在未来迸发出更大的潜力，推进“制造”转向“智造”。

不过，“创客”不仅用来诠释企业前进的主力军，它亦是企业创新发展的“三部曲”，我们不妨一探究竟。

“创新理念树立，解决客观问题”是创新发展的第一步。人们不满黑暗，于是创造了电灯；人们不满长途跋涉，于是创造了交通工具……生活中的点滴都为我们证明，创新往往源自对现实的不满。在企业生产经营中，诸多暴露出的问题往往限制着自身发展，在不断解决问题的道路上，墨守成规不是良药，唯有将对企业的热爱、对岗位的忠诚转化为勇于创新的思想，并将其不断内化为一种习惯、一种理念，企业才能不断前行。

“创新方法寻找，引进标杆做客”是创新发展的第二步。“企鹅盗窃”的故事相信已经变成中国人耳熟能详的案例，人们把“腾讯”与“山寨”紧密联系的同时，又在每天使用着所谓的“山寨产品”。我们总说自己缺乏创新能力，更无法把自己和“创客”画上等号。殊不知，连学习标杆的模仿能力都还没做好，在创新发展的道路上，不妨试试把先进的方法和手段真正地“引进来”，探索其成功的秘诀，摸索其创新的途径，让创新成为企业的常客。

“创新本土探索，切合客观实际”是创新发展的第三步。人人皆知麦当劳，却不知其在菲律宾的发展一直遭受重创，归根结底就是输给了一片菠萝。“快乐峰”这一本土品牌正是在普通汉堡中加入了一片菠萝迎合了本土偏好，实现了“小个子”打败“大巨人”的传说。企业在创新发展的同时，更要注重时刻结合自身实际生产经营状况，实现本土化创新、常态化提炼、广泛化推广，走向属于自己的特色之路。

将“创客精神”引入到企业创新文化当中，有助于帮助生产一线员工更好地领悟现代工匠精神与创新精神的真谛，让他们更好地将创新理念进行加工，以最符合企业实际需要的形式应用于实际生产，帮助企业和他们自身迎来更好的发展契机。

4. 发展创新工作室，员工当主角

除了要引入全新的互联网创新思维来帮助员工更好地跟上创新领域前进的步伐，企业还应该从具体措施上有所突破，帮助员工在实际工作中切身体会到企业对于创新精神的重视，以及创新能够给员工、企业带来的有益改变。

在众多措施中，建立创新工作室，让员工自己成为企业创新发展的主角，是时下最为流行的做法。创新工作室不但能够调动员工的创新积极性，同时也确实能够给部门乃至整个企业、整个社会带来翻天覆地的变化。

2014年对鼓浪屿居民来说，是个重要的年份。从这一年开始，他们再也不用担心看电视、做饭、吹空调时突然断电了。

有这样的改变不得不提到陈志坚技术创新工作室，该工作室于2014年研发出海缆中间接头研制工艺，从本岛建跨厦鼓航道敷设第Ⅲ、第Ⅳ回海底电缆，海底电缆段从鹭江道环鼓轮渡售票处北侧入海，海上路径长约690米，两回电缆供电容量为1.9226万千伏安，比之前供电能力提高了一倍以上，更加有力地保障了鼓浪屿的用电可靠性。

小小的工作室到底有多大能量？以最初的劳模创新工作室来说，从2012年开始，厦门共创建劳模创新工作室150家，获得专利251项，创新及攻关733项，成果转化601项，取得近20亿元的经济效益。

如今的职工创新工作室之于劳模创新工作室既有共性，又有个性。两者都是围绕开展技术难题，带动一批年轻职工学技术、学业务。但职工技术创新工作室不下指标，不限名额，只要符合条件，采取以奖代补的方式先做，再进行验收，实现由要我创新向我要创新的转变。

创新人才与项目专利的结合，让厦门市的职工创新成果“大迸发”：2015年一年，厦门全市职工技术革新3142项，发明创造1304项，获国家专利1383项，技能人才（劳模）师徒结对4417对，选树技能带头人7038人，为推动实现产业转型、城市转型、社会转型提供了强有力的科技和人才支撑。

职工创新工作室的蝴蝶效应还在不断显现。厦门麦丰密封件有限公司中的秦三洋技术创新工作室攻关研发出“自动洗模机”“自动切口机”“自动调刀机”等自动化设备，并陆续投入使用，这些设备在节能减排、改善工作环境、保证工人安全方面都取得了非常好的效果。

实践证明，小小的职工创新工作室，其实能量是大大的。

可能在之前，我们谁也不会想到企业中一个小小的创新工作室能够产生如此大的能量。这就是创新的魅力所在。有些时候创新并不需要大张旗鼓、大刀阔斧地进行才能够带来质的改变，只需要全心投入、切身实践，就能够创造出奇迹。

当然，要想让创新工作室真正产生巨大的能量，企业就必须认识到建立创新工作室的几个关键点。

（1）优化资源、整合力量，突出创新工作室创建特色。

在成立创新工作室时，企业应该依托自身资源优势，给工作室提供最强有力的后勤支持。而在确定工作室成员招募范畴时，也尽量不要设过高门槛，而是按照工作室实际需要从相关领域招募企业内的优秀员工，将各岗位上员工的力量进行优化整合，并在他们之间建立实现合作的可能。此外，工作室还要有自己的特色，比如在鼓励员工积极参与创新方面可以建立奖励机制，可以开辟专门的通道收集普通岗位员工的创新点子等。

（2）紧贴实际，抓住目标，突出创新工作室创效能力。

创新工作室既要在技术上开展创新活动，更要将创新成果引入班站管理和建设，最终实现创效最大化。我们可以将劳模创新工作室收集到的疑难问题进行分类，并成立专门的攻关小组，小组之间各司其职又相互配合地开展工作，对难点问题进行重点攻关。此外还应该成立一个专门的科研小组，通过大量的研究与实验，研发出能够帮助生产一线员工更好、更快地完成生产工作的技术、工具。使得创新工作室不仅仅能够解决企业生产中的问题，更能够将创新应用于整个企业生产中，让每个员工和整个企业都因此获益。

此外，创新不仅要在技术上有突破，更要在管理上寻求突破。创新工作室中的成员大多是优秀员工或是管理者，因此更应该利用自身优势寻求企业管理上的突破。例如可以将创新理念与企业精细化管理有机融合，经过研究与改进，总结出帮助企业进行管理体系建设的方案和理念。

（3）拓展工作室新内涵，突出创新工作室“育人”功能。

创新工作室在传授创新经验和技巧的同时，还应该实施人才培育工程，提升员工的操作技能与创新意识，为企业输送技术人才，拓展工作室新内涵。

工作室可以定期开展专题培训活动，通过创新工作论坛、多媒体课件教学等方式，进行“传、帮、带”，创新开展科学、新颖的岗位知识学习方法，充分发挥工作室的“造血”功能。让每一个员工在学习技术的同时，能够感受到创新氛围，增强他们的创新意识和创新热情。创新工作室应该成为企业人才的培训摇篮，而创新培训模式也应该成为企业员工培训的风向标。

5. 建立创新奖励机制

既然说到企业需要引入现代创新文化理念，那么企业同时就需要为保障这一文化理念贯彻和传播建立相应的制度。建立创新奖励机制是确保创新文化理念能够扎根企业基层，深入企业生产一线员工心中的重要方式。通过奖励机制鼓励员工的创新，让每个员工都意识到企业对创新精神的重视，这是弘扬创新精神的最好方式。

当然，建立创新奖励机制时要讲求科学的方法，还要适应企业实际情况的需要。总的来说应该遵循以下四个原则。

第一，工作机制要符合实际。

虽然理论上要求企业建立专门的创新激励工作机构，配备专职人员，但从实际操作层面上来看，是有些不现实的，特别是对于许多小微企业来说。若建立专职部门、配备专职人员，由于受人员所限，难以很好地履行职责，发挥作用，反而造成人员浪费，或者影响评价结果的准确性。因此，小型企业可根据辖内创新工作实际和员工素质，考虑是否设置专门的部门和人员。经营规模小的企业，创新激励工作部门、创新产品营销部门以及创新考核评价部门可适当减少或不必单设，但应指定专人具体负责。经营规模大，地处沿海等大城市或经济开放城市的企业，可设立专职部门，配备专职人员，尽量不要将多项职能集中于一人，以保证创新激励的公正性和有效性。创新激励部门配备的人员必须具备专业知识和专业技能，能够有效地开展创新激励工作，保证创新激励机制发挥作用。

第二，考核评价要客观公正。

创新考核评价过程要透明。要实行公开制度，尤其是对创新成果的奖励与惩罚，在客观公正的前提下，在单位内部公示，既可起到榜样或警示作用以鼓励其他员工的创新积极性，同时也可进一步增强受奖励或惩罚本人的荣誉感或耻辱感，促进其行为的加深或改善。考核评价是激励措施实施的前提，若做不到客观公正，则激励措施可能会出现偏离，从而使激励效率大打折扣，影响激励效果。

第三，激励措施要切实有效。

激励措施一般都有很大的风险性，在制订和实施激励策略时，一定要谨慎，要本着切实有效的原则，提高激励效果。一是公平原则。任何不公的待遇都会影响员工的工作效率和工作情绪，影响激励效果。创新激励措施要体现多劳多得，让每名员工在对报酬与贡献进行比较时觉得公平，感到满意。二是实事求是原则。要根据创新考核评价结果，施以相应的刺激和鼓励。绝不能对虚假创新进行奖励。三是重视人的需要的原则。在制订和实施激励措施时，首先要调查清楚每个员工真正需要的是什么，然后再制订相应的激励措施。应注重激发人的内在期望，也就是运用内在激励方式调动人的内在积极性，使员工自发、主动地对创新产生浓厚的欲望和兴趣，这是激发创新动力的关键。四是坚持激励与约束相结合的原则。“激励”与“约束”二者是从不同的角度对人们的行为施加影响，使系统趋向积极的状态，向预定的目标运动。因此，二者的目的是共同的、一致的。

第四，允许创新激励机制不断进化。

一个创新激励机制在实际运用当中可能会产生各种意想不到的负面效果而需加以修正。即使一开始就运作得很完美，也需不断地加以改进。因此，企业在实施创新激励机制过程中，要允许对已建立的创新激励机制不断修正和完善，以适应不断变化的客观实际，增强激励的效果，促进企业产生源源不断的创新动力。

而在遵循以上四个原则的基础上，我们还要通过切实可行的激励策略与方法来激发员工对于创新的积极性。

第一，建立激励创新的工作机制。

一是建立激励创新的工作机构。企业应设立专职部门、配备专职人员、负责创新工作的评价与考核、激励创新制度的制订、创新工作培训等。二是做好创新产品的保护工作。做好创新成果的保护工作，防止创新成果当事人的利益受损。三是建立岗位定期轮换制度，以增强员工的新奇感和创新的主动性。

第二，建立科学有效的创新考核评价体系。

企业要建立一套衡量创新成果的考核评价体系。这是对创新成果进行考核奖励的基础。考核评价体系要体现公平性和客观性，以有利于奖惩兑现为前提。企业可引进国内外先进的创新评价模型，再根据自身实际进行适当修改和完善，使评价模型更适合本单位实际。评价体系的内容涵盖要全，评价指标要尽可能量化，以减少人为评价产生的误差。

第三，健全创新激励方式。

加强对创新工作的考核奖惩兑现。健全创新激励方式，达到员工的创新成果价值与其所得合理匹配，从而激发员工的创新积极性。企业应当从物质鼓励、精神激励和文化建设三个方面加强和完善。一是注重物质激励。奖励的形式主要有工资、奖金、红利、福利以及人事待遇。一项创新成果产生后，企业的创新管理部门应根据其成果所产生的预期价值，或者根据创新成果运用于实际工作所产生的当期价值，确定一个比例值作为员工创新成果的收入分红。二是精神激励。企业可制定一定的衡量标准，对达到某个标准的可授予员工某种称号，并享受一定的权利，如评先选优时予以加分等。在职务级别晋升上，也可将创新能力纳入考核内容。三是文化建设。将创新纳入企业文化建设的内容，在干部员工中营造一种创新光荣，创新受尊重的良好企业文化氛围，体现对创新人才人格的尊重，使他们产生对企业的归属感，最大限度地利用所掌握的专业知识、技术知识，激发他们创新的内在动力。

建立科学、完善的创新奖励机制是企业弘扬创新精神，将符合现代企业需求的创新精神传达给员工的重要保障。任何文化只有在以制度为依托的前提下，才能真正走入人心，真正贯穿于企业的每一个生产环节里。

6. 开展创新研讨会，调动创新积极性

推动创新是企业发展的一项重大战略任务，自上而下来设计、变革、完善，再自下而上推动企业创新、践行、凝聚，如此周而复始的循环，以全面推进思想理念、工作机制的创新，推进企业持续健康的良性发展。通过开展创新研讨会的形式，可以让公司不同阶层员工参与到企业的发展中，听取吸收员工有建设性的建议，有助于解决在企业发展的关键时刻该如何走，走向何处的问题。

“火车跑得快，全靠车头带”这种运营模式早已不适应当今经济环境下企业的发展节奏了，一旦车头出现一点问题，整列火车将会停滞不前，在这个过程中每一小时、每一分钟都会产生巨额的生产成本和制造

费用，企业将难以负重。但凡有远见的企业领导班子都应把企业当作高铁来经营，可以把每一个部门比作一节车厢，因为高铁的每一节车厢都是一个动车，都有独立的动力系统，就算车头暂时失灵，每一节车厢单独拿出来也都能独自前行，高铁的车头即企业的领导层，作为控制室，指挥着串联起来的一节节动车，最终在车头和所有车厢的协调运作下开出了300千米的时速。而推动每节车厢前行的动力，就是来自每个部门中不同层级员工的主人翁意识和创新精神，通过开展创新研讨会的方式来共同探讨、分享如何将企业做得更好，将会为企业这列高铁行进提供充足的动力。

以往的研讨会中多是企业的中高层管理者作为发言人，员工作为听众参与其中，等到冗长的会议结束后，会议精神传递到员工心里去的寥寥无几，更不用指望由下而上来贯彻会议精神，基本上此种类型的研讨会对于基层员工而言就是流于形式了。但是创新研讨会是一种完全颠覆性的形式，是企业内部自下而上来推进的模式，而非由上而下灌输的模式。基层员工和基层管理者们是作为企业主人公的身份参与到对企业未来发展建设的讨论中来的，这个过程中职工是被理解、被尊重、被企业需要的。当广大职工的精神需求被满足了，再以企业主人公身份投入到工作中去，工作起来才会信心百倍、投入万分热情。

创新研讨会通常专业性较强，一般都是由专业人士或者在相关领域中有一定经验的人士参加，因此并不适用于多部门协作开展。最好以一个部门为单位开办创新研讨会，着力解决阻碍部门和企业发展的关键性矛盾问题。企业中针对创新主题的研讨会规模通常在20~50人最为有效，少于50人可采取“圆桌会议”的方式展开，便于公平交流，同时也有效地维护了员工渴望得到企业关心爱护的基本需求。

关于创新研讨会的主题一定要简明易懂“接地气”，针对不同层级的员工都应该通用；拟定好创新研讨会的会议主题后，通常提前1~2

个工作日传达给与会人员为最佳，通过口头传达、邮件和张贴布告的方式，以确保所有人员知晓，时间之所以是 1～2 个工作日，一是为了让参与者有充分的时间思考工作中发现的问题或者有助于企业发展的创新点，有充足的时间来制订合理可行的解决方案，即带着问题和脑子参与到研讨会中，而不是只作为一个旁听者，有助于提高每一次会议的质量；二是为了避免提前通知时间过早，让员工没有临近的感觉而导致对创新研讨会的遗忘和不重视。

创新研讨会应接收来自不同阶层员工的观点和建议，尽量保证让更多的参与者演讲发言，因此要注重会议过程中发言时间的安排，为保证交流效果，每位发言人的时间设定为 5～8 分钟为宜。言简意赅，少说空话、套话，每位发言人演讲过后，其他评论人员应给予掌声鼓励支持，主持人员应使用积极正向的话语带动会议气氛，不可抨击其观点，针对每个创新建议的点评时间可设定为 10 分钟。为保证发言人数、调动员工积极性，可“内定”一小部分一定要发言的人员，这些人往往是部门里相对活跃的并且有一定公信力的成员，几个话题讨论热烈了，员工的热情自然就被带动起来，“内定”人数可占一场研讨会预计发言人数的 30% 左右。

每一次研讨会都需要由一位研讨会“秘书”做会议纪要，这个秘书的角色可以固定一人，也可以大家轮流来做，在研讨会过程中记录每一位发言人的建议，以及其他参与人员对此建议评论观点，及时梳理汇总，汇总内容的精确性还原度要高，并于 24 小时内公布会议纪要，公布到部门内部或者公布到公司内部各部门间传阅。同时对每一次创新研讨会的电子文件和纸板文件进行存档，做清楚分类别目录，方便哪一类建议从哪一次的文件里找到存档。

最后也是最关键的一步，就是对创新研讨会中所提出的创新建议进行筛选，选出的对企业有正向促进的建议进行上报，同时公示所选中的建议和提出建议的人员名字，可给予被选中建议人员一定的奖励，这个举动可有效地调动员工的积极性，激发员工的奉献精神。所有上报的建议，由更高层级的决策人员进行分析，针对适用性高比如能够立刻降低成本的和对企业发展提升大的建议提出精细可行的改善对策。

对于创新研讨会的场地有一定要求，通常需要在正式的会议室举行，光亮、通风良好的会议室最佳，保持严肃活泼的研讨会氛围，这样的环境中人的心情也最为放松。会场应提前准备好投影仪、音响话筒、白板等演讲所需的设施。创新研讨会最好控制在两个小时左右，如果是超过两个小时的研讨会，还需要安排会间休息。

企业开展好创新研讨会实际上就相当于在创新工作上集思广益、广开言路，让企业能够听到来自基层的声音，来自生产一线员工的创新点子，这对于一个企业通过全员创新实现战略转变和发展有着至关重要的作用。

7. 创新不能单打独斗，开展对外合作创新

创新从来不是一件闭门造车的事情。现如今我们大部分企业已经能够意识到创新对于企业发展的重要意义，然而却还是没有完全看清在现

代制造业大环境下，究竟如何开展创新活动才能真正使企业获得最大发展。

现如今是一个多元化合作的时代，“闭门造车”自己搞创新的模式已经完全不符合企业发展的需要了，创新再也不是某个企业依靠单打独斗就能完成的事情。随着经济全球化的深入发展，企业越来越多地需要通过加强对外合作和利用外部创新资源获取实现重大创新必备的条件。

长期以来，我国一些产业的发展面临着核心技术受制于人的瓶颈，重要的装备、核心部件以及控制系统等主要依靠进口。比如，2012 年，我国进口芯片约 1650 亿美元，超过了进口石油的金额；我国新能源产能增长很快，但是装备的关键部件主要依赖进口。为了解决产业发展的核心技术瓶颈问题，我国先后实行了“市场换技术”“股权换技术”等多种手段，实际的结果是市场和股权让出去了，技术却难以换得到。“市场换技术”“股权换技术”采取的都是对外开放合作的方式，但是没有取得预期的效果，原因就在于没有把对外开放合作变成提高自身创新能力的机会，在合作中失去了创新的动力，甚至失去了原有的创新基础和能力。

反观我国有些企业，在利用国际创新资源中把提高自主创新能力作为重要目标，充分利用了开放合作所提供的机会，提高了自身的研发水平和技能，形成了知识和技术的积累，真正实现在更高起点上推进了自主创新，为企业的发展奠定了良好的基础。

奇瑞汽车公司是汽车行业的后起之秀，技术水平、研发能力与传统汽车厂商相比，毫无优势可言，很多技术都是依靠从外部引进。奇瑞在发展过程中，委托意大利、德国和日本的设计公司开发新车型，都是明确提出要联合开发，在联合开发过程中以掌握核心技术为前提，牢牢把握主动权。奇瑞在与世界一流的发动机设计公司奥地利 AVL 公司合作研发发动机过程中，最初的几款发动机由外方技术专家主导来做，中方工程师跟着学；而后的几款发动机设计则由中方工程师来承担能做的部分，不能独立完成的部分由外国专家指导完成；最后的十多款发动机基本上都是由自己的工程设计人员来完成的。奇瑞在联合研发过程中不断培养自己的人才，最后实现了设计、开发水平大幅度的提升。奇瑞给我国的企业提供了一个通过合作研发提升自主创新能力的典型案例。

我国三峡总公司在三峡工程建设左岸 14 台机组招标中，明确提出了投标者必须与中国制造企业联合设计、合作制造，必须向中国制造企业全面转让核心技术，培训中方技术人员，中国制造企业分包份额不低于合同总价的 25%，14 台机组中的最后两台必须以中国企业为主制造的要求。这些措施保证了我国国内企业完整地引进了核心技术，大大提高了设计制造能力。在修建右岸电站机组中，我国企业与国际水电巨头同台竞争，凭借自身的实力，各自承担了右岸电站 4 台水轮发电机组的设计制造任务。我国的哈电、东电通过引进消化吸收再创新实现了特大型机组的国产化，在许多重要技术参数上甚至还超过了国外企业。三峡工程建设给我国企业提供了在技术引进中通过消化吸收提高自主创新能力的典型案例。

还有一些企业通过海外并购获取了国外核心技术，对提升创新能力、获取新的竞争优势发挥了重要作用。2006 年，长虹集团收购了韩国第三大等离子制造商欧丽安公司75%的股权，该公司不仅拥有全球独一无二的无缝拼接等离子显示器（Multi－PDP）技术，而且拥有300多项等离子专利，其中多项核心专利所有等离子厂家都在使用。并购后，长虹整合技术资源，形成了以位于四川绵阳的虹欧公司为核心、北京PDP研发中心和韩国PDP研发中心为技术支撑的等离子研发体系，实现了等离子技术的整合创新，解决了技术来源和技术升级问题；长虹还通过签订技术协议，使大量核心技术人员派驻国内，支持绵阳工厂建设和产品开发。长虹集团给我国企业提供了通过海外并购提升自主创新能力的典型案例。

可见，无论是通过哪种途径实现企业自主创新都离不开对外合作这个重要方式。通过利用国际创新资源，在更高的起点上提升了创新能力，为企业的长远发展奠定了基础，他们的做法值得每个企业借鉴。

当然，对外合作获得创新契机也是需要掌握方法和策略的。

一是企业在对外开放合作中，应对利用国际创新资源提升创新能力进行总体谋划和设计，使开放合作成为提升企业创新能力的一个重要手段。

二是转变产学研合作的方式，由委托研发转变为更多的机构合作。当前，我国产学研合作以委托研发为主，交钥匙工程较为普遍，企业应在此基础上更加重视长远合作，通过机构之间的合作，比如共建研发机构，来提升企业创新能力。

三是在合作中加强人才的培养和交流。人是最有创新活力的因素，在对外合作中加强人才的培养是提升企业创新能力的根本。通过开放合作，要使企业研发人员有更多的交流和学习机会，也要给企业研发人员成长和施展才干的空间，这样才能在提升人才创新能力的同时提升企业的创新能力。

四是加强数据积累和平台建设。在对外开放合作中，应沿着企业创新路径，通过利用外部创新资源弥补自身不足，形成企业自身的数据积累和研发平台，从而增强企业的持续创新能力。

其实开放合作的关键还在于因地制宜，要根据企业发展的实际情况，选择最有利于提升自身创新能力的开放合作方式。只有这样才能让企业最大限度地利用国际资源通过创新实现自己的蜕变。

人类科技的进步让这个地球两点之间的距离越来越短，社会快速发展也渐渐消除了不同国家、不同文化之间的交流隔阂。我们每个企业当然应该利用这种良好形势，张开双臂去积极进行对外合作，在互通有无中为企业积攒实现伟大创新的力量。